高校教师科研胜任力的多方位培养与激励研究

李　林　著

延边大学出版社

图书在版编目（CIP）数据

高校教师科研胜任力的多方位培养与激励研究 / 李林著. -- 延吉 : 延边大学出版社, 2022.10
ISBN 978-7-230-04061-7

Ⅰ. ①高… Ⅱ. ①李… Ⅲ. ①高等学校－教师－科学研究－师资培养－研究－中国 Ⅳ. ①G644

中国版本图书馆 CIP 数据核字(2022)第 196101 号

高校教师科研胜任力的多方位培养与激励研究

著　　者：李　林
责任编辑：乔双莹
封面设计：金世达
出版发行：延边大学出版社
社　　址：吉林省延吉市公园路 977 号　　邮　　编：133002
网　　址：http://www.ydcbs.com　　E-mail：ydcbs@ydcbs.com
电　　话：0433-2732435　　传　　真：0433-2732434
印　　刷：天津市天玺印务有限公司
开　　本：787×1092　1/16
印　　张：10
字　　数：200 千字
版　　次：2022 年 10 月 第 1 版
印　　次：2024 年 3 月 第 2 次印刷
书　　号：ISBN 978-7-230-04061-7

定价：58.00 元

前　言

科研水平是衡量高等院校综合实力和核心竞争力的关键，只有科研兴校、科研兴教、科研强师，才能全面推进素质教育。因此，培养教师科研意识，提升科研水平，已成为亟待解决的问题。

科研创新力是实践工作取得创新成果的重要原因，又是实现自身可持续发展的不竭动力。科研创新推动了社会进步和各行业的共同发展，科研创新能力提升是影响科研成果应用转化和区域经济发展的重要方面，研究表明，高等教育是与经济社会耦合度最高的教育层次。从事高校教育的教师，是实现教育现代化、国际化及培养专业技术人才、推进素质教育的重要保障，专业教师向学生传授系统科学文化知识，引导学生树立正确的世界观、人生观、价值观的过程，就是学生个体社会化的过程，也是提升社会服务水平的最有效方式。因此，高校专业教师科研创新能力和个人素质的提升、职业素养的养成是促进高校各专业人才培养良性发展的关键环节。

高校教师是高校师资队伍的重要分支，是知识创新和技术创新的主体，高校科研教师所特有的胜任力直接决定着人才培养的质量，并发挥着积极的示范作用，对学生、高校、国家的生存和发展具有重大的影响。而基于胜任力的绩效评价体系设置及具体实施情况一方面可以衡量高校教师绩效水平、判定高校考核科学性，另一方面也可提供相应的改进和调整意见，促进高校教育完善和发展。目前，我国高校教师的胜任力参差不齐，发展过程中还存在着许多制约因素：高校教师的招聘和选拔依据并不科学；绩效考核方式过于简单、并不全面；教师的胜任力没有得到重视和培养，这些在很大程度上制约了教师整体素质的提高。因此，从人力资源管理“胜任力”的视角研究我国高校科研教师绩效考核问题，完善激励政策，对提升高校科研实力，培养更多优秀人才等具有重要意义。

本书以高校教师科研为研究对象，重点从科研的基础内容与基本能力的培养两个方面出发，一方面为明确有价值的研究方向创造条件，为研究的实施做好准备；另一方面强调了科研能力培养的重要性，分析了科研过程中常用的科学方法，研究了如何培养教师教学科研能力等问题，让高校教师认识到科研能力的提升是一个潜移默化的逐步积累的过程。最后，本书从激励的角度分析了激励高校教师认真做科研的方法。

由于时间仓促、作者水平有限，本书难免存在疏漏之处，恳请广大读者批评指正。

李林

2022 年 7 月

目　录

第一章　绪论

科学研究是高校的重要职能之一。科研实力是高校办学水平的重要标志，不仅能扩大学校的影响力，增强高校社会服务能力，还有助于提升学校的人才培养质量。近年来，我国普通本科高校都非常重视科学研究，尤其是研究型大学把科学研究放在优先发展的地位。

在进行高校教师科研胜任力培养与激励研究之前，无疑需要事先明晰一些与之关系密切的重要概念，即界定一些核心概念。本章将分别对高校科研、胜任力、高校科研与教研的区别与共性内容等进行阐述。

第一节　科研与胜任力

一、科研

科研是科学研究的简称。要想明确“科研”之意，必先明晰“科学”之义。科学有多种解释，关于“科学”，尽管《辞海》中将之定义为“运用范畴、定理、定律等思维形式反映现实世界各种现象的本质和规律的知识体系”，但因其没有完全反映科学的本质含义，因而并未被普遍接受。关于科学的概念界定主要存在三种观点。第一种观点从知识、知识体系的角度，把科学看作认识自然及其规律的理论体系，认为科学相对于一般知识，不仅要经过充分论证和验证，而且必须是规范化的、体系化的；科学是关于自然界、社会和思维的客观规律的分科的知识体系，是人们在社会实践的基础上产生和发展而成的经验总结；科学是有系统、有组织的知识，特指研究自然物质及现象的学问。第二种观点从过程的角度出发，认为科学是一种活动，是一种特殊的思想和行为。第三种观点主要从功能和社会影响的角度出发，认为科学是维系一定社会职能的社会体制和社会系统。

根据科研活动目标的不同，世界各国都习惯按照联合国教科文组织的分类法，即将科学研究划分为基础研究、应用研究与开发研究三种类型。

基础研究，是指为了获得现象和可观察事实的基本原理、规律和新知识而进行的实验或理论研究活动。基础研究的目的在于发现新的科学领域，为新的技术发明和创造提供理论前提。

应用研究，是指为了获得新的科学技术知识并服务于应用目的而进行的独特的研究活动。应用研究针对某一特定的实际应用领域，探索科学知识和科学理论等基础研究成果应用到生产实践中的可能性。

开发研究，是指为了寻找可以直接应用于教育实践的具体技术，研究者运用已有的基础研究和应用研究的相关成果，以探讨具有某种实施价值的规划、对策、方案、方法、程序等为目的的一种研究类型。开发研究既是科学研究工作，又是技术开发活动。它的成果一般是样品、样机、装置原型等。就产品而言，开发研究是以具体的产品为对象，对实际型号、规格的样品方案进行探讨，包括设计、试制、试验工作，直到新产品定型确认可以正式交付生产或投入市场为止的全部研究开发工作。因此，它是新产品发展的前期研究。开发研究是联结科研与生产的纽带，是科学转化为生产力的中间环节。科学技术从研究到推广应用的重要环节就是开发研究，开发研究是把基础研究应用于生产实践的研究，是科学转化为生产力的中心环节。

二、胜任力

（一）人才标准

如今我们处在一个日新月异的时代。从农业时代、工业时代、信息时代到现在的移动互联网时代，技术变革和时代更替的节奏越来越快，以前用年、月计量的事件，现在都是用天来计算的。

然而，人才的成长是有时间周期的，管理者不能像过去那样按部就班地培养人才，而必须与时间赛跑，“在飞行中换引擎”，快速批量地复制优秀人才，打造一支“能打仗、打胜仗”的人才队伍，形成良将如潮、人才辈出的局面。

大多数企业管理者都能认识到人才的重要性，想通过招聘的方式为企业补充人才。然而，很多管理者都是根据自己的偏好来选人的，能否招到合适的人完全靠碰运气，这样就导致员工能力参差不齐，用错人导致业务失败甚至满盘皆输的情形比比皆是。思维理念与行事风格不同的人在一起工作，企业文化和核心价值观被稀释。为了让员工能力得到快速提升，管理者们不得不推行"打鸡血"式管理，结果导致员工怨声载道。

俗话说，"欲速则不达"。管理者必须秉承第一性原理，找到人才发展的底层逻辑，从根本上解决这个问题。"世有伯乐，然后有千里马。千里马常有，而伯乐不常有。"对于人才来说，为什么伯乐不常有呢？

罗伯特·卡普兰（Robert Kaplan）和戴维·诺顿（David Norton）在《战略地图》一书中说："如果你不能描述它，就无法衡量它；如果你不能衡量它，就无法管理它。"也就是说，伯乐之所以不常有，主要是因为人们对千里马的定义不清晰。

我们常说要重视人才，但是人才在我们心目中的"画像"是什么样的呢？很少人认真思考过这个问题。如果你问某人"什么样的人算人才"，得到的多半是抽象、笼统、模糊的答案。人们对"人才"一词的理解，可谓仁者见仁、智者见智。在一些企业里面，不同的管理者执行的人才标准是不一致的，有时甚至大相径庭。

我们假设这样的场景：当需要从外部招聘人才时，你清楚要招什么样的人吗？如果要从内部提拔，在众多候选人中，你依据什么标准来挑选人才？一个季度结束，依据什么标准来评价你的下属是否胜任岗位？如果想淘汰一位不合格的员工，应该依据什么标准来作出决定？如果你要培养一批后备人才，又需要从哪些方面入手来培养他们？也就是说，如果管理者连优秀人才的标准都不清楚，又怎么能招到优秀人才，怎么让你的员工成为优秀人才，怎么能把合适的人放到合适的位置上？

据统计，80%的用人失败都是因为企业缺乏科学的人才标准。任正非说，人才不是华为公司的核心竞争力，对人才进行有效管理的能力才是企业的核心竞争力。对人才进行有效管理的基础是人才标准，基于这个逻辑，笔者认为很多企业现阶段缺的不是人才，而是人才标准。

因此，企业的当务之急是基于未来发展战略，清晰定义人才的标准，也就是不同层级、不同序列或不同岗位需要什么样的人才。因为一旦定义不清晰、不准确，企业对人才的选、用、育、留就会走入歧途。当然，定义人才标准不是一件容易的事情，对于不同类型的企业来说，人才标准是不同的。

（二）麦克利兰重新定义人才

真正重新定义人才标准、改写人才标准历史的，是哈佛大学的戴维·麦克利兰（David McClelland）教授，他曾以成就动机理论而声名远扬。当时，泰勒的科学管理理论已基本被否定，而智商学说也越来越受到质疑，人们迫切希望了解影响员工绩效的根本原因，却找不到满意的答案。

21 世纪 50 年代初，美国国务院感到以智力因素为标准选拔外交官的效果不理想，许多表面上很优秀的人才在实际工作中的表现却令人失望。在这种情况下，麦克利兰博士应邀帮助美国国务院设计一种能够有效预测实际工作业绩的人员选拔方法。麦克利兰发现，决定一个人在工作中的表现的因素，除了工作所必需的知识、技能外，更重要的是深藏在其大脑中的人格特质、动机及价值观等。

1973 年，麦克利兰发表了其具有标志性意义的文章《测试胜任力而非智力》，首次提出了胜任力的概念。麦克利兰将胜任力定义为：能够区分在特定的工作岗位和组织环境中绩效水平的个人特征。也就是说，胜任力是区分优才与庸才的标准，它能够反映组织环境和工作岗位的特点。

通过对“人”的胜任力进行分析，企业可以甄选出符合组织需要的人才，因为胜任力的高低决定了组织能否获得预期的结果。这就形成了一个潜在逻辑：具有什么样的胜任力特质，就会有什么样的行为表现，就会产出什么样的工作成果。

其后，美国学者理查德·博亚特兹（Richard Boyatzis）对麦克利兰的理论进行了广泛深入的研究，提出了“人才素质的洋葱模型”。洋葱模型把胜任力由内到外概括为层层包裹的结构，最核心的是动机，然后向外依次展开为个性、自我形象与价值观、社会角色、态度、知识、技能。在洋葱模型中，越向外层的特质，越易于培养和评价；越向内层的特质，越难以评价和习得。

1982 年，理查德·博亚特兹出版了《胜任的经理：一个高效的绩效模型》一书。书中提出了经理的有效胜任力模型，从此胜任力模型开始真正用于企业管理领域。该模型认为，要想取得好的绩效，管理人员需要具备六个方面的胜任力，即目标和行动管理、领导、人力资源管理、指导下级技能、其他（客观知觉、自我控制、持久性、适应性）、特殊知识。

自 1989 年起，麦克利兰开始对全球 200 多项工作所涉及的胜任素质进行观察研究。经过逐步发展与完善，最终提炼出 21 项通用胜任素质要素，形成了胜任素质的基本内容。

1991 年，美国学者哈维（Harvey）提出了 KSAO 模型，将胜任力定义为能区分高绩效和一般绩效的知识（knowledge）、技能（skill）、能力（ability）和其他个性特征（others）。

1993 年，麦克利兰的学生、美国心理学家莱尔·斯班瑟（Lyle M. Spencer）博士首次针对胜任力模型给出了一个较完整的定义，即胜任力模型是指和参照效标（优秀的绩效或合格的绩效）有因果关系的个体深层次特征。

2003 年，我国学者彭剑峰提出了胜任力的新洋葱模型，该模型共有七层，从外到内的顺序是知识储备和技术能力、人生价值观、个人态度、社会角色、自我形象、个人动机、性格品质。模型由表及里、逐层深入，通过从最表层的知识储备和技术能力到最里层的个人性格品质来描述胜任特征。对于洋葱模型外层的特质，人们容易进行考察及评价，越往里层的特质，就越难测量。

作为现代人才标准的另一种重要形式，任职资格体系的核心思想源于英国国家职业资格（NVQ）。华为于 1998 年引进 NVQ，开始建立自己的任职资格体系。任职资格体系与体制内的职称制度有一定的相似之处。职称制度是改革开放的产物，是我国人事管理制度的重要组成部分，更是人才评价的重要手段。新中国成立初期实行“技术职务任命制”，后来逐渐演变成现在的“技术职称评定制”。任职资格其实相当于企业内部的职称评审标准。

至此，现代人才标准逐步形成了绩效考核、任职资格和胜任力模型“三分天下”的局面。绩效考核强调的是工作结果，任职资格关注的是基本资格条件，而胜任力则是对深层素质的提炼。绩效考核完全以结果论英雄，更看重考核而不注重发展，当前绩效好的员工将来未必也绩效好，因此它在人才培养发展方面所起的作用有限。任职资格与绩效之间的关联较弱，可以预测未来绩效的胜任力模型会逐渐受到企业的追捧，成为当下最重要的人才标准。

（三）胜任力是人才标准的核心

华为为什么能打造良将如潮的干部队伍？这是因为它建立了一套标准化的干部评价标准。在不同的业务部门、不同的管理层级，华为在进行干部评价时，采用的是同一套标准。这套干部评价的标准包括四个核心内容，如图 1-1 所示。

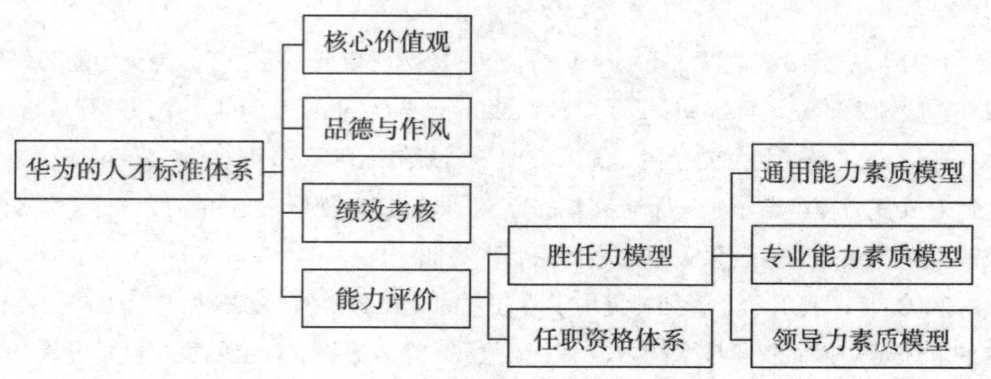

图 1-1　华为的人才标准体系

（1）核心价值观是基础。华为的核心价值观主要包括三个内容，即以客户为中心、以奋斗者为本、长期坚持艰苦奋斗。

（2）品德与作风是底线。不符合品德要求的干部会被一票否决，这方面的考核通过关键事件来进行。

（3）绩效考核是必要条件和分水岭。华为规定，只有绩效考核结果排名在前 25% 的人才有资格被提拔为干部。

（4）能力评价是关键成功要素。华为的胜任力模型包括领导力模型、专业能力素质模型、通用能力素质模型。领导力模型包括九个关键素质，这九个关键素质一开始被称为“干部九条”，后来被优化成“干部四力”。华为还构建了任职资格体系，并将胜任力模型整合其中。

从这个案例可以看出，华为的用人标准涵盖了绩效考核、任职资格、胜任力模型，而胜任力模型（领导力模型）是整个干部评价标准中最为核心的部分，是华为良将如潮、人才辈出的“秘密武器”。

第二节　新时期高校教研与科研管理的认知

一、高校教研与科研的理念

（一）高校教研与科研的认知

1.高校教研与科研活动

学校教研是学校教学研究的简称。它是指学校借助教育科学理论，以有价值的教学问题为对象，运用恰当的研究方法，有目的、有计划、有组织地对学校教学实践进行研究的活动。学校科研是学校教育科学研究的简称。学校科研是认识教育本质与客观规律、创新教育理论和方法，或遵循教育规律解决教育教学实际问题的创造性活动。

2.高校教研与科研的基本要素

首先，需要教育科学理论的指导。教育科学中的教育学、心理学、教育管理学、教育社会学、德育论、学科教学论、教育技术学、教育美学等理论为学校的教研和科研提供了先进的理念支撑和科学的理论指导，保证了学校研究活动的科学性。

其次，具有明显的应用性。学校教育研究活动的主要范畴是在学校办学发展过程中教育、教学、管理等方面出现的实践问题，应用性是学校教研与科研的突出特征。

再次，有目的、有计划、有组织。学校教研和科研的目的，在于解决学校发展中的教育、教学等方面的问题，促进学校人员发展和办学质量的提高，最终促进学生全面、健康发展。为了达到研究目的，学校要分析学校发展中的问题，制订研究计划，并建立相应的机构和制度，而不能盲目进行，随意开展。

最后，学校教研与科研的本质是创造性的认识活动。尽管学校的教研和科研活动具有明显的实践性，但是它们在本质上仍属于一种认识活动，是探求学校教育教学和管理等各方面的未知，发现新规律，求得新结论，创造出更科学、更新的教育教学和学校管理方法的创造性认识活动。这种活动以已有的知识为基础，以科学实验或逻辑推理为基本手段，以获取新知为价值归宿。

（二）高校教研与科研的活动

第一，教师是学校教研与科研的主体。学校教研和科研活动要依靠教师，它们是“源于教师”“由教师做”“为了教师”的活动。教师把握和主导着学校研究活动的方向和内容，实施学校研究活动并使用研究活动的成果。

第二，学校发展中的问题是学校教研与科研的主要来源。学校教研和科研都是在学校这一具体情境中进行的，与教师的教育教学工作、管理工作、学生身心的健康成长等紧密地结合在一起。

第三，促进学校持续发展是学校教研与科研的价值追求。学校开展教学研究和教育科学研究，根本的价值追求在于解决学校中的现实问题，改善学校办学条件，提高学校效能。

第四，整合校内外资源是提高学校教研与科研质量的重要保障。尽管学校的教研和科研活动重视学校内部的问题，强调以学校教师为主体，但我们不能持“唯学校论”的观点。学校必须从社区所存在的高等院校、专业教育研究机构、教育行政部门等处获取必要的指导和支持，以学校的力量为主体，整合校内外一切可供利用的资源开展教研和科研活动。

二、高校教研与科研管理的共同要素

学校教研与科研管理，是以现代管理科学和教育科学为理论基础，遵循教育教学研究的基本规律，有效发挥学校人、财、物、时间、空间信息等要素的作用，运用决策、指挥、计划、组织、控制、协调等管理职能和科学的管理方法影响学校教研与科研工作，以实现学校教研与科研目标的活动过程。其根本目的是高效率、高质量地完成学校教研与科研任务，并将研究成果运用到学校的教育、教学、管理等工作之中，促进学校的健康发展。

学校管理面对的是学校内外的各种“事”，这些“事”都是由学校管理的基本要素——人、财、物和特殊要素——时间、空间、信息综合作用而形成的。学校教研与科研管理的共同要素，也可以在以下六个基本要素的层面上加以论述：

（一）学校教研与科研管理中的“人”

学校教研与科研管理中的“人”，包括管理者和被管理者两大类。学校教研与科研管理的管理者，首先是校长，作为学校的最高行政负责人，校长要亲自组织和领导教研与科研工作。其次是教务处及负责学校科研的部门负责人，他们协助校长，主抓教研与科研工作，是学校教研与科研工作的中间管理层。最后是学校教研组和年级组的组长，他们是学校教研与科研的基层管理者。学校教研与科研工作的被管理者，是指学校中参与到教研与科研工作之中的所有教职员工，既包括专职教师，也包括行政、后勤等方面的人员。学校要充分调动他们教研与科研工作的积极性，对他们普及教研与科研的理论知识，培养和提高他们的研究能力。

（二）学校教研与科研管理中的“财”

学校教研与科研管理中的“财”，主要就是指学校可用于教研与科研活动的经费，包括校外各相关机构拨付给学校的研究经费，以及学校自己在教研与科研方面的经费投入。研究经费必须专款专用。为了提高教研与科研水平，学校应不断加大在教研与科研方面的经费投入。

（三）学校教研与科研管理中的“物”

学校教研与科研工作对“物”的要求不高，因此学校教研与科研管理中对“物”的管理也不复杂，配备好基本的办公设施，如网络设施、用于教研与科研活动资料储存的相关物品等即可。

（四）学校教研与科研管理中的“时间”

学校教研与科研工作都必须以专门的时间作保证。由于学校教师教育教学任务繁重，很难像专业研究人员一样有专门时间进行研究，因此，教研与科研的时间管理就显得尤为重要。

（五）学校教研与科研管理中的“空间”

学校教研与科研管理中的空间管理和对“物”的管理有相似之处，并没有特别高的要求和复杂的任务，只要有足够的工作地点，保证教研与科研工作的顺利进行即可。另外，学校领导等管理者要突破学校空间的局限，树立开放的管理理念，加强与专业科研机构以及兄弟学校之间的合作教研和科研。

（六）学校教研与科研管理中的“信息”

学校教研与科研工作离不开信息。学校教研与科研管理首先要重视相关信息资料的硬件及其建设。所谓硬件指的是学校图书馆、资料室、档案库等建筑以及计算机等设施设备。硬件建设就是要加大学校信息资料建设，购置和更新图书、教育杂志、报纸和其他相关的信息资料；做好学校的网络和信息库建设，充分利用学校已有的文献资料为教师的教研与科研工作服务；为各教研组配备书柜和文件夹，用于书籍、资料档案的保存；等等。因此，学校要选择好图书管理员和资料管理员。

学校在加强学校教研与科研硬件建设的同时，还应该加强对教师的教育，使他们有自主学习、查阅资料的意识和积极性；要制定学校教师学习与科研制度，对教师学习理论知识、查阅资料、进行教研与科研活动提出相应的要求，确立评价与激励机制。另外，学校还要邀请教育理论方面的专家学者、专业教育科研人员等到学校进行学术讲座，丰富学校教师的知识，开阔他们的视野，提高他们的信息素养，为教师的教研与科研活动提供更多的便利。

三、高校教研与科研管理的共性内容

学校教研和科研工作中的人、财、物、时间、空间、信息综合作用所构成的各种教研和科研活动中的“事”，有分属于教研或科研的，也有共属于学校教研和科研工作的。这些共性的“事”，就是学校教研与科研管理的共性内容。

（一）学校教研和科研的规划与管理

学校教研和科研规划是学校在一定时期内对教学研究和教育科研发展做出的总体设计，其主要内容包括：学校教研和科研工作发展的总目标、教学研究和教育科研组织的发展、队伍建设、教科研管理的具体内容、学校研究保障条件及其改善等。加强学校教研和科研规划，对于克服教研和科研工作的随意性，有计划、有步骤地做好学校研究工作具有重要的意义。

学校教学研究发展规划和学校教育科研规划应该分别制定。学校制定出3～5年的总体规划之后，每年还要制订学年工作计划和学期工作计划；而学校的教研组、年级组等还要在上述规划和计划的基础上制定出本部门的行动方案，并负责方案的实施与管理。学校教研与科研规划管理，主要包括以下几方面：

第一，分析校内外环境。校外环境包括政治因素、经济因素、科技因素、文化因素、人口因素、教育因素、学校所在社区的环境因素等；校内因素包括学校的基本情况（特别是学校教师教学研究和教育科研的现状）、学校的优势和不足、学校发展面临的挑战和急需解决的问题等。

第二，确立学校教研和科研的总体发展目标，即3～5年内学校教研和科研应该解决的重大问题、发展的理想规模、应该达到的新高度等。

第三，拟订候选方案。根据学校教研和科研发展目标，制定2～3套可供选择的候选规划，并对每一套规划的特点做出明确的说明，以便学校教职员工进行讨论和选择。

第四，评估和确定发展规划。学校把拟订的候选方案交全体教职员工进行民主评议并提出修改意见；在进一步修改的基础上，通过教代会等形式，由全体教职员工决定发展规划。

第五，实施学校教研和科研发展规划。将确定下来的规划具体化为学年和学期教研与科研计划，然后将计划再分解到相关的部门和个人，并由教研组、年级组等负责实施具体的工作计划。

第六，检查和反馈。在学校教研与科研规划实施的过程中，学校管理部门要对实施情况进行检查，以确保规划实施的正确方向和良好效果。每一个阶段的工作完成之后，要对实施情况进行评价，并将评价结果反馈给学校领导管理层和具体的执行者，以便于改进规划。

（二）目标与知识的管理

第一，目标管理。目标管理就是根据所设置的目标进行管理的活动。具体来说，就是组织中由总体目标引导各个部门直到每个成员制定各自的分目标和个体目标，并据此确定行动方案并组织实施，定期进行成果考核的管理方式。学校教学研究的直接目的在于解决教学问题，特别是教学实践问题；间接目的在于促进教师发展；根本目的在于促进学生的健康发展。

学校教育科研的目标可以界定为两个方面：一是发现和建立新的教育教学理论，丰富和发展教育科学；二是促进教师专业素质的提升，提高学校教育教学质量。尽管学校教研目标和科研目标各有不同，但是，它们的共性就是通过解决学校实践中产生的现实问题，提高学校的教育质量和办学水平，促进人的发展。这一共性目标是学校利用目标管理方式进行教研和科研管理的基础。

运用目标管理方式对学校教研与科研工作进行管理时，要遵循五个步骤：

（1）确定学校教研与科研活动的总体目标。

（2）根据目标中包含的任务，将目标进行细化和分解。要根据学校工作的轻重缓急，研究工作的难易程度、规模大小等，明确研究工作的重点以及不同层级和不同参与者的具体任务。

（3）分配任务。将任务分配到学校各相关部门，并要求他们制订出各自部门或每个人具体的工作计划。

（4）实施目标。各个部门和教师根据自己的工作计划开展研究。学校领导管理部门在这期间要做好过程管理，包括组织、指导、协调、控制、创建良好的氛围和环境、提供保障条件等。

（5）评价成果。各个部门和教师的工作完成之后，就要对照目标评估工作成果，进行工作总结，并依据评估结果进行奖惩。

第二，知识管理。“知识管理”这一概念最早产生于 20 世纪 90 年代的管理学领域，其基本内涵是：组织与机构对知识的获取、存储、学习、共享和创新等过程的管理。知识管理将组织内的知识与人员进行有效整合，形成组织内外部各种资源的有效挖掘和共享体系，使之发挥最大的效用，以促进组织的可持续发展。教师由于其工作环境与任务的特殊性，不可能像专业教育研究人员那样有充足的时间和精力获取大量的研究信息。在这种情况下，加强学校知识管理，为教师提供研究指导、帮助和服务显得尤为重要。

做好学校教研和科研的知识管理，学校领导管理者要重视教师的自主学习以及学习型组织的建设，强化教师的理论学习，扩大他们的知识视野，提高他们吸收、整理和运用信息的能力，使他们成为终身学习的典范。学校还要建立课题研究资料库、校本课程资料库、校本教学资料库等适合教师使用的、富有特色的学校教育科研资料库，以丰富的知识储备为教师开展教研和科研工作提供信息服务；通过专题研讨、教育论坛、论文交流与评比、成果展示、经验交流、编辑文集、出版刊物等活动，促进知识在学校成员之间的转化和共享；建立学校与高等院校、教育科研机构的合作机制，更好地实现外部知识向学校的输入；通过网络在线学习、专家引领、同伴互助等形式，实现教师与教师、教师与专家之间的沟通与交流，为学校教师在教研和科研工作中充分地利用知识信息提供更加高效便捷的渠道。

（三）组织与制度的管理

第一，组织管理。作为一种社会组织，学校将与学校生存和发展密切相关的人、财、物、时间、空间、信息等因素按照一定的原则有机地联系起来，建构起一个开放的系统。教研和科研组织是其中一个子系统。学校教研和科研的组织管理首先要建立学校教研和科研组织管理机构，其中主要是学校的教研组和教育科学研究室（简称“教科室”）。这些机构是学校管理教研和科研工作的具体执行部门。为提高其工作效率，学校应健全其内部机构，配备一定数量的管理和工作人员。学校还要对这些组织的工作进行指导、监督、检查、评价。同时，学校要为这些组织的正常运转提供较为充分的资源，如经费、设备、信息等支持。

第二，制度管理。制度是学校教研和科研工作健康发展的规范性保障。学校教研和科研的制度管理，就是要建立、完善以及有效地执行关于教研和科研的规章制度。学校教研与科研管理的规章制度主要包括以下几方面：①发展规划制度。学校要根据整个教育系统和学校发展规划，对教研和科研工作做出一定时期的总体部署。②目标考核制度。学校把教研和科研的目标达成度列为学校管理和办学水平的考核指标，作为教科室、年级组、教研组和教师个人业绩考核指标。③学习制度。包括组织常规性的学习制度、教师自主学习制度、教师参加教育行政部门组织的校外教师培训制度等。④课题管理制度。目前，许多学校都开展了教学研究和教育科研的课题研究。因此，学校应该建立教研和科研的课题管理制度，主要包括课题申报和备案制度、研究实施之前的课题开题制度、研究中期的交流汇报制度、研究结束后的课题成果鉴定与评价制度等。⑤保障制度。主要包括学校教研与科研管理组织的建设制度、研究经费管理制度、教研与科研档案的管理制度、教研与科研工作的评价制度、教研与科研工作的奖励制度等。

（四）队伍的管理

学校管理的核心因素是人。要想做好教研与科研工作，就必须建设一支高水平的学校教研与科研队伍。因此，学校要制订相应的培养计划，包括教育科研队伍建设的目标、内容、途径、方法和保障措施等；制定相应的制度，规范和激励教师积极主动地提高自己的科研素质，以更好地从事教研和科研工作。同时规定学校对教育科研骨干教师的选拔、培养、任用、考核和奖励制度；要做好教师科研素质的提高工作，依据不同的培养目标和不同的培养对象，进行不同内容和形式的培训；定期组织教师外出参观考察，参加校内外有关学术会议，开阔视野，提高他们的自我反思及借鉴能力；根据学校的发展需求，适当地给教师分配一些力所能及的科研课题，让他们在研究中学习；聘请校外的专家或专职科研人员到学校指导教师开展研究。

第三节　新时期高校教研活动的组织与管理

教学研究是学校的常规活动，需要建立相应的组织机构，以加强对教研活动的管理，一般分为决策层、管理层与执行层。学校教研活动的开展有赖于教研组建设的加强。

一、高校教研活动的组织

一般情况下，高校教研活动管理的组织构成主要有以下几方面：

（1）学校教研的决策层。学校教研的决策层，即校长。校长是学校教研活动的最高行政领导，也是教研活动的直接参与者。其主要管理职责为：组织规划教研活动；任免教学管理层面的主要负责人；指导和监督教研活动的实施；组织评价教研活动的质量；为教研活动的正常进行提供保障条件；等等。

（2）学校教研的管理层。教务处（教导处）协助校长具体管理学校各教研组、年级组的业务工作，是学校教研活动的直接管理机构，其主要职责是：制定教研活动的学年规划和学期计划；组织和指导各学科教研组的教学研究活动；组织全校性的教学研究活动；主持召开各学科教研组负责人会议；分析研究教学研究的发展动态和存在的问题并予以解决；组织本校教师参加校外教学研究活动；为校长提供学校教学研究活动改革和发展的建议；等等。

（3）学校教研的执行层。教研组，全称“教学研究组”，是根据学科设置的教学研究单位，又叫学科组，是学校教学研究的执行层。一般情况下，同一个学科的教师构成一个教研组，如语文学科组、数学学科组、英语学科组等。对于学科规模小、任教教师人数较少的学科，或者学科教师较少的学校，也可以由相近学科的教师组成联合性的教研组，如生化教研组、音美教研组等。教研组由一名比较优秀的教师担任组长，比较大的教研组还会设一名副组长。在规模比较大的学校，教研组下面还会划分出一个小的二级组织——备课组，并设组长一名，负责本小组的教学研究活动。

在教研组中，教研组组长处于最高一级，直接对教导主任负责，其主要职责是：根据学校教学研究活动规划以及教务处的部署制订本教研组活动计划；组织实施本教研组教学研究工作；检查本教研组的教学研究进展情况；总结并向教务处汇报本教研组的教学研究结果；等等。教研组副组长协助组长落实以上权责。各备课组起着承上启下的作用：一方面，负责执行教研组工作计划中所分派的任务；另一方面，负责制订本小组的活动计划，履行布置任务、检查反馈和总结工作的职能。组内教师则承担执行各级任务、完成各项指标的责任。

二、高校教研活动的管理

（一）高校教研活动的工作计划

制订教研活动的工作计划，是学校教研管理的首要环节。教研计划是教研组根据自身发展规划，结合某一学期的教学和其他相关工作，为有效研究教学问题而制定的学术活动的预设和安排。它有助于教研组全体成员明确自己在某一阶段的努力方向和内容，提高工作的主动性和自觉性，也便于教研组组长对教研活动进行检查和考核。

一份好的学期教研计划，主要包括以下要素：上一学期教研情况、本学期教研工作的总目标及子目标；本学期教研工作的基本要求；重要教研活动的安排（包括教研主题、应该准备的教研资料、活动的时间与地点、活动的主持人及主要参与者、活动的主要形式与程序、预期的结果等）；教研活动需要的保证条件；教研活动的成果及其表现形式；等等。

制订教研工作计划时，要注意四点：一是依据充分。教研组教研工作的计划，要依据教研组长远发展规划、教研组的实际情况等来制订，要承上启下，有连续性。二是重点突出。在一个特定的阶段内，要突出一个重点活动，用该活动重点带动一学期的教研活动。三是操作性强。学期教研计划要有具体的实施要求和措施。主要包含“六定”：定时、定点、定人、定主题、定质量、定措施。四是民主参与。教研工作计划要反映大家共同的心声和需求，让全体教师都有机会参与其中。为此应该善于设计让不同层次的教师思考或行动的活动点，体现合作研究、平等分享的原则。

（二）高校教研活动的组织实施

教研活动计划制订之后，就要组织实施。在实施教研计划时，首先要让教研组内的教师了解学期教研活动的主题、内容与实施要求，使大家有充分的准备，以积极的心态投入教研活动。在实施过程中，教研组组长要发挥好控制、协调等职能，保证教研计划有条不紊地实施，同时还要兼顾工作质量。对于教研计划中的重点活动，事先要做好充分的准备，学校领导等管理人员在教研组实施教研工作计划的过程中，也要及时予以指导和帮助。

为了提高教研活动的效率，必须做到五点：一是活动实施之前要进行调研，摸清教师的认识和行为现状，了解教师的基本需求。二是做好活动方案，设计好教师的可参与点。三是精心准备。教研活动预设的目标都是为活动过程中教师思想观点的现场“生成”服务的，因此，教师事先要做好准备。四是营造对话氛围，让教师在活动中进行思想的碰撞并现场“生成”新思想。五是通过教研活动，让教师达成关于教学活动的共识，还要引领教师将这些共识转化为改进教学活动的行为策略。

（三）高校教研活动的检查

教研活动的检查是学校领导等管理人员或教研组自身了解教研工作计划实施情况，促进更好地达到教研目标的一种管理手段，具有了解情况、监督考核、发现问题、及时纠正的作用。

教研活动的检查形式多样。从时间上来讲，可以是某一个具体活动实施过程中的分散检查、教研活动实施之后的集中检查，也可以是整个学期的教研工作结束之后的全面检查。从实施主体来讲，可以是教研组内的自查和互查、教务处从教学管理角度的检查，也可以是学校决策层或上级教学研究部门或教育行政部门对学校教研活动的专门检查。不同的检查方式具有不同的价值。

（四）高校教研活动的总结

总结是指对教研组教研计划的执行情况和结果进行全面、公正的评价，一般是在学期结束前或新学期开始之前实施的，目的在于为下一个教研活动管理周期提供有益借鉴，促进教研活动水平的不断提高。

总结的基本要求包括以下几方面：一是目的明确。总结是对教学研究活动及其管理工作的再认识，它可以明确教研活动的经验和教训，总结教研及其管理工作的普遍性知识，以有效地改进工作。二是围绕目标展开总结。总结应该以计划中设定的工作目标为工作绩效评价的标准和尺度，避免随意性。三是以检查为前提。检查中所获得的事实、数据和信息，是总结的重要内容，也是在总结中对教研工作做出公正的价值判断的重要依据。四是以科学的理论为指导。要运用教育科学、心理科学和管理科学等多个学科的理论知识分析学校的教研活动及其管理工作；总结时还要对大量分散、零碎的经验性材料进行抽象和概括，并提炼出新的学术观点。

第四节　新时期高校教育科研的组织与管理

一、高校教育科研的组织机构

（一）高校教育科研组织机构的设置

学校教育科研组织机构根据其承担的教育科研工作的性质不同可以分为三类：一是学校教育科研的领导机构，如学校教育科研领导小组；二是学校教育科研的管理机构，多数学校会成立专门的教育教学研究室；三是学校教育科研的执行机构，如教研组、备课组、年级组等。这些机构按管理层级划分，同样可以分为以下三个层次：

第一，学校教育科研机构的决策层。学校教育科研机构的决策层是学校设立的科研领导小组，一般以校长或主管副校长为组长。其主要职责是：把握学校教育科研工作的全局，领导和制定学校教育科研工作规划；确定重要的研究课题；建立学校教育科研的工作制度；审批科研计划，研究、检查和督导科研工作；保障研究经费的落实；决定学校科研成果的奖励以及重大科研活动；协调学校正式科研组织机构与非正式科研组织机构之间的关系，使之形成合力，共同完成学校科研任务。

第二，学校教育科研机构的管理层。学校教育科研机构的管理层，是学校的教育科学研究室。其主要职责是：负责全校教育科研工作的规划、组织和协调工作；拟订、实施学校有关教育科研工作的条例和规章制度；组织校级科研课题的申报、论证、立项、检查、成果评审和推广以及向上一级教育科研部门推荐立项课题、优秀成果等工作；组织教师学习教育理论；普及教育科研基础知识与方法；指导教师开展课题研究活动和总结经验；组织开展各种学术交流活动；根据教育改革和学校发展的需要，主持、参与课题研究；组织、承担上一级教育部门、科研机构下达的科研任务；搜集各类教育科研信息，为校长决策和开展教育教学科研提供服务；编辑学校教育科研刊物，组织教育科研成果评奖活动；完善学校教育科研档案管理；等等。

第三，学校教育科研机构的执行层。学校教育科研机构的执行层，是学校的年级组、教研组、备课组和相关管理处室等。各年级组组长、教研组组长和相关管理部门的负责人组织本部门力量开展研究工作，教师和相关管理处室的员工是学校教育科研工作的具体执行者。

学校中还存在教育科研活动的非正式组织，如群众性科研团队、课题研究小组等。这些组织具有自愿性和广泛性，可以激发更多教师的科研热情，使他们更加方便地开展符合自己特点的研究活动。

（二）高校教育科研组织机构的主要功能

第一，管理功能。学校科研组织机构的管理功能是指学校教育科研组织机构为了实现学校教育科研的目标，有计划、有组织地对学校内部的人、财、物、时间、空间、信息等进行协调而产生的功效和作用，主要表现在对学校科研规划的管理、课题管理、成果管理、教育科研队伍管理、教育科研情报管理、教育科研经费管理和教育科研档案管理等方面。

第二，研究功能。这是学校教育科研组织机构最重要的功能，主要表现在：研究本校教育改革与发展中亟待解决的重大问题；分析学校现状，通过学习、借鉴、发展和创新，选择先进的教育理论和教育经验应用于本校的教育改革实践；总结本校成功的教育经验，从中探索促进本校教育发展的规律，丰富教育理论。

第三，培训功能。学校教育科研组织机构的培训功能主要表现在：组织教师学习先进的教育理论，转变陈旧的教育观念；指导教师掌握教育科研的基本方法，提高教育研究能力；帮助教师总结自己的教育教学经验或应用他人的先进教育教学经验，提高教育教学质量。

第四，服务功能。学校教育科研组织机构的服务功能是指学校教育科研组织机构通过教育科研为学校教育改革、教师专业发展、提高教育教学质量服务的功能。例如，为学校领导制定学校发展规划和进行决策提供咨询服务；举办教改信息专题报告会或编辑“教改动态”之类的信息，为学校教育改革和教育科研提供教育情报服务；进行课题研究，解决学校教育改革中的实际问题，为学校教育改革实践服务；发挥自身的培训功能，为教师专业发展服务；推广和应用教育科研成果，为提高学校教育教学质量服务；等等。

二、高校教育科研的管理

（一）前期管理

第一，校外课题的来源。课题研究之前的前期管理是校外课题管理的起始环节，主要包括获得课题申报信息之后的选题、论证和申报工作。校外课题的来源主要有以下三种：首先，教育科学规划课题。这是根据国家的科研发展规划，在教育领域设立的重要研究课题，包括国家哲学社会科学基金教育学项目；各省（自治区、直辖市）哲学社会科学规划中的教育学课题；教育部和各省（自治区、直辖市）、市、区（县）教育行政部门设立的教育科学规划课题。其次，教师科研的专项课题。这是为了推进各专项工作或为专门的科学领域设立的研究课题，如教育部人文社会科学研究项目、全国教育科学规划办公室与教育部人事司合作推出的“园丁工程”专项课题、与教育部体卫艺司合作推出的“学校体育、卫生、艺术和国防教育”专项课题、与教育部考试中心合作推出的“教育考试科学研究”专项课题、全国教育科学规划办设立的“外语教育研究”专项课题等。最后，委托课题。这是学校受校外某些行政部门、企事业单位、科研机构的专门委托而开展的研究课题。

除了委托课题之外，前两类课题的主管部门会每年发布课题申报的信息。学校获得课题申报信息之后，就要组织人力进行课题选题、论证、填写课题申请表等工作。

第二，选题管理。选题是课题内容与研究任务的高度浓缩与概括，是课题整体思想的集中体现。选题是课题研究中最为重要的一个环节。学校主要应该根据基础教育和学校的发展需要以及学校的实际情况确定有研究价值、具有实际意义的问题作为课题。选题尽量参照课题指南，但也可以根据需要和实际情况自设课题。

选题的基本要求：①科学。要选择教育改革和发展中的真问题进行研究；明确研究的时空背景和关键事件等研究条件，有可操作性。②新颖。新颖性选题一般是指学科前沿的理论探讨、老问题的新视察、新问题的发掘或新策略和新方法的运用以及海外新理论和新视点的引进推广。为此，要对准备选择的课题的研究现状进行收集和梳理。③适中。选题不要太大，也不宜过小，要做到以小见大，小而精深。④实际。选题要考虑学校的学术基础和优势。

第三，课题的论证与申报。选题确定后，学校要组织人力根据课题研究申报书的要求和内容，进行课题论证并填写课题申报书。

不同来源的研究课题的申报要求不尽相同。但是，一般情况下，课题研究申报书包括以下内容：

其一，国际研究现状与趋势。国际研究现状与趋势旨在了解课题申报人是否对自己拟定研究的问题的现状有较为清晰的把握，这是申报能否取得成功的基础性环节。

其二，选题意义。选题意义主要说明研究选题在学术（或理论）和实践方面的价值。

其三，研究目的与主要内容。研究目的是指通过课题研究期望达到怎样的理想状态，而研究内容是指在课题研究中主要研究哪些问题。

其四，研究的重点、难点与创新之处。具体指课题研究内容中应该着重解决的核心问题以及在研究过程中可能遇到的比较难解决的问题。一个课题研究的难点要明确，不能模棱两可；确定的重点不能太多，一般情况下 1～2 个较为适宜。课题研究中，往往重点和难点是一个内容，但也不完全一样，通过重点和难点的确定，就能够找出本课题研究的特色。

其五，研究设计。研究设计是对课题研究操作的思考，主要包括研究思路、主要方法、进度安排等。研究思路要反映研究问题的操作顺序，有清晰的逻辑线索。研究方法是课题研究采用的主要方法，要清楚这些方法在课题研究中的使用目的和范围。进度安排的阶段性要强，在每一阶段要突出一个重点，阶段与阶段之间要有连贯性。

其六，研究基础和参考文献。研究基础包括前期研究状况、研究队伍、研究的保障条件等。前期研究状况主要指课题组成员已经做的与课题研究相关的工作以及取得的成绩或成果，目的在于让评审专家知道学校选取的课题是有研究基础的，而且学校有能力完成研究任务。在这部分要列举一定数量的、与课题研究关系最为密切的参考文献。研究队伍主要是指课题研究成员。论证内容主要包括课题组成员的学术背景和研究经验及课题组的组成结构（职务、专业、年龄等）。课题组成员不要太多，所有成员必须是直接参与课题研究的人员。研究的保障条件主要是指保证课题研究顺利开展所需的时间、经费、图书资料、实验条件、设施设备等。

其七，预期研究结果及其去向。预期结果包括阶段性成果和最终成果，前者反映的是课题组成员在研究过程中取得的成绩，后者是整个课题研究成果的集中反映。成果可以是学术论著、学术论文、调研报告，也可以是优秀课例、实验报告等。研究成果的去向是指课题研究所取得的成果可以用于哪些领域。

其八，研究经费预算。研究经费是课题顺利实施的重要保证。

在进行论证和填写课题研究申报书时，要严格按照有关管理办法中规定的项目去填写；各项经费预算要有依据；申请经费的额度要以能够满足课题研究所需为标准；经费预算要留有余地。课题组要对上述内容进行详细论证，然后认真填写课题研究申报书。填写之前定要阅读并理解相关要求。经费额度、论证字数等要特别注意。

提交的课题申报书表要内容完整、形式美观。

完成了课题论证和课题申报书的填写工作之后，还有一个课题申报程序。在课题申报材料报送之前，学校科研主管部门或教研室应对教师申报的课题进行形式审查，确保课题申报材料的真实性和规范性。审查合格的申请材料，加盖学校科研主管部门或学校公章后，即可报送相关部门。

（二）过程管理

学校申报的课题研究申报书，主管部门会组织专家进行评审，按一定比例确定拟立项资助项目，经报批与公示后发布正式立项名单。学校课题获准立项后，就要组织实施研究。这期间的管理工作主要有课题开题、中期检查、课题结题与鉴定。

第一，课题开题。开题是课题研究实施的第一个环节，其目的在于对课题研究做进一步的论证和设计，使研究更具可操作性。通过开题，课题组成员可以对研究的目标、意义、内容、方法、步骤等有更清晰的理解和把握。课题开题一般以会议的形式进行，由学校教育科研主管机构组织，参加人员除了课题组成员外，还包括学校教育科研管理人员和评议专家。

课题开题的主要程序是：①会议主持人介绍参加会议的人员。②学校主管领导宣读课题立项通知。③课题负责人做开题报告。开题报告一般包括研究目的或选题意义、课题价值、课题研究的条件、课题国际研究现状、课题内容、研究方法与技术路线、预期成果、研究阶段与任务分工、经费预算等。④评议专家就课题研究提出意见和建议。⑤与会人员就课题研究进行讨论。

课题开题管理，是促进教育科研向规范化、科学化、效率化发展的重要举措，学校教育科研管理部门要认真对待、精心组织。开题前要认真审核课题负责人撰写的开题报告，务求报告全面、翔实、规范。开题会议要突出求真务实、力求实效的学术研究氛围，确保与会人员充分发表意见，集思广益，使开题为课题研究起到厘清思路、聚焦重点、合理分工、指导实施的作用。

第二，中期检查。中期检查是课题研究实施过程中的常规性管理。中期检查前，课题负责人要撰写中期检查报告。报告内容包括研究工作主要进展、阶段性成果、主要创新点、存在的问题、重要变更、下一步计划、可预期成果等。中期检查形式多样，其中最普遍的方式是召开中期检查会议。会议由学校教育科研管理机构组织，参加人员包括课题组成员、学校教育科研管理人员、评议专家以及关注课题研究的相关教师等。

会议的主要程序是：①介绍参加中期检查评议的专家；②课题负责人汇报课题研究的进展情况；③专家进行检查和评议；④与会人员就课题下一阶段研究的问题及策略等进行讨论。

第三，课题结题与鉴定。课题的结题与鉴定是当课题研究结束后对课题研究计划执行情况以及研究成果的终结性的评估验收。主要包括以下三个环节：①课题组向主管部门提出结题鉴定申请，按要求提交结题（或成果鉴定）申请报告、课题最终研究成果、阶段性研究成果、结题报告等相关材料。②主管部门对课题进行鉴定验收。鉴定的方式一般包括通信鉴定和会议鉴定。专家在鉴定后要对课题研究及其成果写出鉴定意见，并对课题研究能否通过验收做出判定。③主管部门汇总专家的鉴定意见，发布课题鉴定结果。课题通过专家鉴定即可结题。

（三）后期管理

第一，课题研究成果的登记和归档。学校科研成果是指学校教育科研人员或教师对教育科研课题或现象进行研究，获得具有一定学术意义或实用价值的创造性结果。成果的基本表现形式为著作、论文、研究报告、调查报告、实验报告、软件、工具书等。

对科研成果登记与归档是学校科研管理的必要内容。及时、准确和完整地统计学校科研成果，既能促进科研成果信息的交流，助推科研成果的宣传与转化，也能为学校推荐科研成果奖励做好前期工作。

应用类科研成果（如研究报告、调查报告、实验报告、软件等）在登记时，要提交相关的评价证明（鉴定证书或者鉴定报告、教育科研项目验收报告、采纳证明等）；理论研究成果（如科研论文、著作、工具书等）在登记时，需要提交公开发表或出版的刊物的原件与复印件、各种学术评价意见及成果发表后被引用、转载的证明等。学校科研管理机构对提交登记的成果进行分类整理，审核确认后予以入库归档。

第二，科研成果的推广和运用。学校科研成果的推广与运用是学校教育科研工作的重要内容。推广工作要以实实在在的效果为基础，精心策划，认真组织，科学实施。学校科研成果推广与运用的形式很多，通常包括的方式有以下几种：①直接转化式——把科学的结论直接运用于教育实践活动；②交流启发式——通过公开发表、论坛发言、多渠道推广等方式，运用理论或实践成果去影响他人；③形成研究报告或政策建言提交给相关管理部门，直接为教育决策服务。

第三，科研成果的评奖和申报。优秀成果奖是教育科研主管部门或相关组织为了对优秀研究成果进行奖励和表彰而设立的，体现了政府或社会对研究成果的认可，也能够鼓励科研人员继续潜心科研。

教育科研优秀成果奖的主要来源有四个：上一级教育科研管理部门，学校本身，群众社团、学会等民间行业组织，学术论坛等学术交流平台。优秀成果奖的评定范围一般包括公开出版的著作、工具书、论文，调查报告、研究报告、实验报告，等等。

学校教育科研优秀成果奖的申报程序是：①申报者填写由上级教育科学规划领导小组办公室或相关机构统一印制的教育科研优秀成果奖申报评审书；②学校教育科研管理机构对申报书审查后加盖公章，签署意见，然后将评奖材料（包括申报书、所报成果及其社会反响等）统一上报；③教育科研管理部门或相关机构组织专家进行评审；④优秀成果奖组织单位或教育行政部门对获奖成果下文表彰并颁发荣誉证书，并以一定形式向社会发布与宣传。

第二章　教师科研思维

通常意义上的思维涉及所有的认知或智力活动，它探索与发现事物的内部本质联系和规律，是认识过程的高级阶段。所谓科研思维，就是指教师在科研过程中反映出来的基本观点和主要思考方式，包括思考的内容和形式两个方面。因此，抓住教师的“科研思维”这个基础性问题，对解决教师的科研动力不足、环境不佳、能力不高、影响不大等问题都具有关键性作用。那么，高校教师科研的过程中，应该强调哪些思维呢？本章主要介绍高校科研教师需要具备的四个核心思维：和合思维、立体思维、实践思维、成长思维。

第一节　和合思维

爱因斯坦指出：“提出问题比解决问题更重要。”提出问题是开展一项研究的首要环节，决定着研究的方向、意义和水平。这涉及对教师的教育科研活动的定位问题。怎样才能寻到一个好的研究问题？什么样的研究问题才是一个好问题？如何让一个问题承载更大、更多的研究价值？和合思维是解决这些问题的有效策略。

一、和合思维与教育科研

和合思维作为一种中国传统思维，在教师的教育科研过程中同样具有重要作用，这个作用可以通过李吉林老师的成长过程体现出来。李吉林老师之所以能取得重大成果——获得首届“基础教育国家级教学成果奖”特等奖，成为著名儿童教育家，一个重要的研究策略是坚持“情境教育”这一个研究方向，把近 40 年的心思集中在“情境教育”一个点上。虽然李吉林老师 1981 年就在《教育研究》上发表了情境创设的文章，但直到 1987 年情境教育的概念才大量出现，之后的论文就都以“情境教育”为主。这就说明，李吉林老师用近 20 年时间完成了对“情境教育”的聚焦。

李吉林老师的专业发展历程，充分说明和合思维有利于教师“专业锚”的确定。“专业锚”是从职业锚的概念引申过来的。职业锚理论是在职业生涯规划领域具有“教父”级地位的美国麻省理工学院斯隆商学院著名职业指导专家埃德加·施恩（Edgar H. Schein）教授提出的。所谓职业锚，又称职业系留点。锚，是使船只停泊定位用的铁制器具。职业锚，实际就是人们选择和发展自己的职业时所围绕的中心，是指当一个人不得不做出选择的时候，他无论如何都不会放弃的职业中至关重要的东西或价值观，是自我意向的一个习得部分。职业锚是个人同工作环境互动的产物，在实际工作中是不断调整的。对教师的教育科研来说，选择研究的方向就是教师专业的一个系留点，就是教师的专业锚。大量教师成长的案例证明，要想在专业发展方面达到一定的高度，就必须有一个专业锚，而且专业方向越集中，达到的专业水平就越高，即专业锚与专业水平之间存在着“面积恒定现象”。

和合思维还有利于教师在教育科研中对问题进行更全面的思考，形成“全局观”和“战略思维”。所谓全局，从空间上说具有广延性，是指关于整体的问题；从时间上说具有延续性，是指关于未来的问题。全局观念是指一切从系统整体及其全过程出发的思想，具有全局观念的人会从组织整体和长期的角度考虑、决策、开展工作，保证事业健康发展。战略思维是指思维主体（个人或集团）对关系事物全局的、长远的、根本性的重大问题的谋划（分析综合、判断、预见和决策）的思维过程。和合思维能把各种相关问题整合在一起，进行整体考虑，克服了只从局部和某个片段进行片面分析的问题，可增加研究课题的厚度。比如，李吉林老师在“情境教育”的研究过程中，把不同时期社会和教育的发展热点，比如加强思想道德教育、提倡素质教育、强调课堂教育有效性、突出教育学本土话语体系的文化自信等，不断与“情境教育”研究主题融合，在回应时代要求的同时，使“情境教育”的研究内涵不断丰富。

和合思维还有利于教师在教育研究中发现问题的本质属性。在研究中，由于自身认知的局限性，人往往不能把握事物的整体特征，普遍存在着“盲人摸象”的现象。在研究中要了解事物的整体规律，如果不了解知识整体的内在综合机制，只对个别知识之间（要素之间）的相互作用方式进行单独研究，往往会得出错误的结论。和合思维突出整体性，从一个更宏大的视野分析问题，能够帮助人们了解事物的整体规律，在整体规律下的局部认识就能够更深入。

和合思维还能促进教师的教科研工作进入良好的“和合之境”。现在很多教师开展教育科学研究具有明显的功利主义倾向，只是为了科研而科研，科研处于孤立的状态。如果运用和合思维，把科研、工作、学习，甚至生活融合起来，就能达到和合之境。正如李吉林老师那样，把人生道路上新的困境与挑战“合”入自己的生命之中，从而让自己的生命变得更加强大，经验变得更加丰富。一方面，她把自己的兴趣充分融入教育科研的选题、研究过程当中；另一方面，教育科研又让她在语文教学上的水平日益提升，且自身的教育能力不断提高。往更高的层次来说，她的教育科研源自她的日常生活与教育生活，与此同时，教育科研又让她的日常生活与教育生活的品质不断提升。在这样螺旋上升的过程中，她体验到了足够多科研的“蜜”（一种科研带来的快乐体会），因此，她的研究也逐步由最初的“自发”走向后来的“自觉”。这是所有真正致力于教育科研工作的教育工作者的共同心路历程。

“和合”作为教师教育科研的一种策略，一方面可以作为理论创新的思想策略，另一方面可以作为教育研究的一种存在状态。作为一种思想策略，研究者要具有开放的心态，吸取一切“古今中外”的文明成果，结合自身的特点，辩证考虑矛盾的双方，融合形成新的思路、新的观点、新的方法和新的理论。这种策略作为教师科研的一种应然状态，应该与教师的各方面工作有机融合，形成一种和谐的科研生态环境。教师首先要将科研工作与教育工作有机结合，在研究中工作，在工作中研究，用研究提高工作水平，用工作为研究提供素材。其次，教师的科研要与教师的学习有机结合，教师要成为研究者，更要成为学习者。现在，教师的学习进修有一些硬性规定，很多教师被动参与，只是获取知识、运用知识，处于知识生产链的末端，教师应该进行研究性学习，在研究课题的指导下有目标地学习，提出自己的成果，参与知识的生产活动。最后，教师的科研还要与自己的专业发展有机结合，用研究提高自己的专业水平，获取专业地位，得到相应待遇，进而实现自己的生命价值。

二、思维策略

（一）整体思考

一种思维既是一种观点，也是一种思考的方式方法。无论是把和合思维作为一种科研思维也好，还是把它理解成一种教师科研的应然状态也好，它都将对整个科研过程发挥重要作用。和合思维的基本策略是把各种事物整合成一个新的事物，即“和合而生”，这种整合聚焦过程与教师教育科研的选题过程有很大的契合之处。选题过程实际上就是一个提出问题的过程。和合思维在哲学上表现为强调事物之间的同一性，强调事物是普遍联系的、运动变化的。

根据整体思考的完整性、统一性和关联性的特点，在课题选题时，要采用整体思考的方式。

第一，要考虑问题产生的“整体背景”。每一个课题的提出都是基于一定的现实背景的，这个背景存在着一个从小到大、从内到外的扩展过程：个人—学校—地域—全国—全球。只有把个人和地域问题放在一个更大的背景下去思考，研究的方向才会更加明确，研究的价值才会凸显出来。这是在课题研究背景分析中的常见思路。

第二，在选题中进行整体思考，突破边界限制，树立全局观，形成一个更宏大的整体话题。边界的本义是地区与地区的界限，实际上边界无处不在，比如我们的工作中也充斥着各种边界，有岗位边界、业务边界、产品边界等。工作边界就是划定一个范围，清晰地理出“什么是我的工作”的界限。明确边界有利于明确目标、提高效率。课题研究中的难点在于问题边界的确定，边界过大往往会令研究者无法把握，边界过小又会使研究成果缺乏应有的推广价值。确定一个合适的边界，基本的策略是采用“小题大做”的方案。从一个较小的切口入手，把研究做深、做透。那么，如何实现“小题大做”呢？关键就是要打破边界，即站在一个比较高的角度，分析解决一个局部问题，进而思考问题背后的“大文章”，然后从“大、小两方面”提出相对平衡的题目。

第三，在选题中进行整体思考要挖掘研究各种观点的互补性，形成一个整体观点。在提出问题阶段，研究者对可能的研究结果需有一个大致的假设，这些假设可能会涉及很多层面、很多角度和很多结论。这些预设性的观点对整个研究起到重要的导向作用，如果过于分散，就会使研究显得混乱，不利于研究的设计和实施。而且，在课题的选题阶段需要确定一个明确的题目，题目中最好体现这些观点中最核心的一个。一般来说，一项研究，研究观点涉及的理论层次越深刻，研究的价值就会越高。例如，形成比较深刻的整体观点时，可以采用西蒙·斯涅克（Simon Sinek）提出的黄金圈法则。黄金圈法则是一种由内而外的思考模式，分三层：why——思考为什么要这么做，我们的目标、理念是什么；how——采用什么方法、措施；what——我们面对的问题和最后结果的表现形式，即现象、成果是什么。黄金圈法则不仅仅是一种思维模式，同时也是逻辑思考和表达的方式。先思考为什么，再思考如何做，最后结果是什么，这种从战略层面到执行层面的思考方式，是一种符合逻辑层次模型的思考方式。通过这样的分析，从这三个层面，挖掘和提出课题中的核心概念。从某种角度来说，这实际上也体现了研究拟解决的主要问题和研究本身的社会价值、学理价值和实践价值。

（二）协同思考

所谓协同，就是指协调两个或者两个以上的不同资源或者个体，一致地完成某一目标的过程或能力。协同思考与整体思考的区别在于：整体思考把零散的东西彼此融合，形成有价值、有效率的一个整体，它的重点在“一”；协同思考是指一部分对另一部分的相干能力，表现了不同部分在整体发展运行过程中协调与合作的性质，结构各部分之间的协调、协作形成拉动效应，推动事物共同前进，对事物双方或多方而言，协同的结果使各方获益，整体加强，共同发展，它的重点在“多”。

1971年，德国科学家哈肯（Hermann Haken）提出了统一的系统协同思想，认为自然界和人类社会的各种事物普遍存在有序、无序的现象，在一定的条件下，有序和无序之间会相互转化，这是一个普遍规律。协同现象在宇宙间一切领域中都普遍存在，没有协同，人类就不能生存，生产就不能发展，社会就不能前进。在一个系统内，若各种子系统（要素）不能很好地协同，甚至互相拆台，则必然呈现无序状态，这样的系统发挥不了整体性功能，最终会瓦解。相反，若系统中各子系统（要素）能相互配合、协同，多种力量就能集聚成一个整体，形成超越原本各自功能总和的新功能。协同思考就是要促使不同事物之间形成协调一致、团结统一、互相协助、互相配合的关系。

在教育科研选题的过程中采用“协同思考”策略，要在大量不同的课题中“切入主题”，因为在选题阶段，对于研究者来说，难的不是没有问题，而是问题太多，造成选择性困难。教师提出研究问题的途径有很多，主要包括以下几种：

1.从教师感兴趣的问题中产生

如果教师能将兴趣作为开展教育科研的动力，那么这位教师是幸福的。很多教师的研究是被迫的，他们对研究课题本身缺乏兴趣，这样的教师往往无法全身心地投入到自己的研究中来。教师的研究兴趣也就是教师的学术兴奋点，教师的发展方向、教师的职业锚和教师的特长紧密联系。你可以不假思考地列出三个你想研究的问题，这三个问题中可能就包含着你的研究兴趣。

2.从教育活动现场的不满与追问中产生

教师每天进行着教育教学活动，这些看似“平淡无奇”的日常教学中实际上包含着丰富的研究问题。要发现这些问题，教师就需要提高问题意识。教师可以在对教育教学活动不满的追问中提出研究问题。例如，今天这节课为什么不尽如人意？还有什么改进的空间？导致这种结果的深层次原因是什么？思考这些问题，就有可能形成一个很好的研究课题。

3.从迫切需要解决的问题中产生

人在每个阶段都有不同的关注热点，这些或者是教育研究的热点，或者是难点，或者是空白点。比如，当前我国正进行学前教育体制改革，学前教育成为全国的热点，这些热点问题就是这个阶段迫切需要解决的问题。实践中会积累很多难点问题，解决实践中的难点问题需要有“啃骨头”的勇气，但解决难点问题往往会出现突破性的新局面，具有非常重要的研究价值。比如，幼儿园的入园难问题，群众意见很大，研究成果很多，但问题还是没有得到实质性解决。这个“老大难”问题，是很值得研究的。

4.从已有的经验反思中产生

教学经验是教师实践的结晶，每个教师经过一段教学历程，都会积累各种各样的经验，这些经验就是教师的宝贵财富，使每个教师具有生动的研究背景。作为一个教师，需要对经验进行梳理，对分散的、零碎的经验进行组合；还要对经验进行挖掘，使这些经验“亮起来”；需要对经验进行提炼，寻找到经验背后的理论支撑；还需要交流经验，让同行可以分享自己的经验。这种梳理、挖掘、提炼、交流的过程就是一个研究的过程。

5.从文献阅读和学习的体会中产生

教师是研究者，更是学习者，教师的学习会有很多方式与途径，其中最常用的是文献阅读法，包括阅读专业杂志、专业书籍。教师在阅读过程中，会接触到很多新理论，产生新想法，发现新问题，对这些理论或成果进行论证、应用、完善。这种论证、应用和完善的过程就是一个很好的研究过程。

6.从学校教育改革研究重点中产生

教师的发展与学校的发展有机结合、互相促进是教育科研的理想境界。

每个学校一般都有自己的发展特色和发展目标，而且往往会结合特色的建设开展相关研究课题。如果教师能够承担一部分研究任务，或者自己研究的课题能够成为学校课题中的一个子课题，就会得到很多资源和支持。

7.从课题指南中产生

我国的教育研究管理机构每年会根据当前的实际需要提出一批课题供申报者选择，这些课题可以分为指令性课题、指导性课题、委托课题和自选课题。教师根据课题指南，或者完全选用，或者稍作改动，或者延伸联想，提出研究课题，这些课题立项的可能性相对较大。

这样的来源还有很多，不同的来源会产生不同的问题，教师先选择一个大致方向，然后通过“漏斗法”逐步缩小范围，最后寻找到合适的重点研究课题。如图 2-1 所示，根据当前研究热点，确定教学有效性作为研究方向，但教学有效性包括教师教的有效性和学生学的有效性，显然教是为了学，重点在学习上。但学的有效性涉及面比较广，包括学习动机、兴趣、能力，学习的环境，家庭状况，等等，其中练习方法是一个很好的切入口，但也涉及很多方面，包括练习次数、时间、形式、难度等，教师根据自己的研究能力，选择练习时间作为研究的主要内容，并以此作为探讨教学有效性的一般方法。上述例子主要是通过“漏斗法”对课题进行选择，同样，教师也可以通过“漏斗法”对课题的内容进行提炼，从某种角度来说，“漏斗法”是一个从多到少的“扬弃”过程。

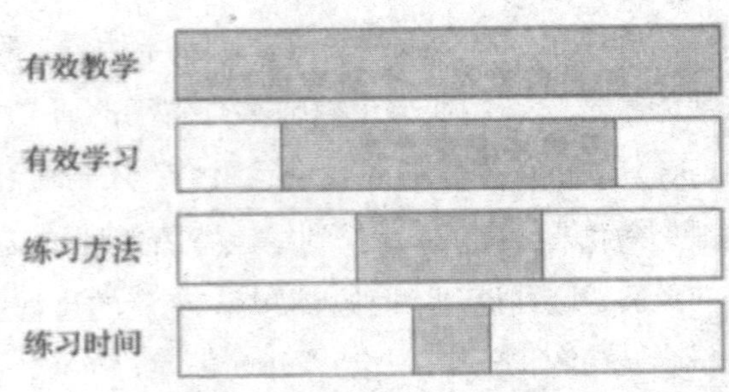

图 2-1 “漏斗法”选题示例

在教育科研选题的过程中采用“协同思考”策略，还要发现不同视角下提出的问题之间的“共同性”。“和”是“合”的一种结果，把各方面“合”在一起，最好要达到“和谐”的状态。中国人强调“和而不同”，不同的事物互相融合，会形成一种新的平衡。教师在选择教育科研问题的过程中，要把与科研有关的事物有机融合起来，互相促进，协同发展，关键是要寻找到各方面的共同点。在日常的科研过程中，很多教师感到科研没有多大用处，教师的精力应该主要用在教学工作中，这就把科研与教学工作割裂开来了。李吉林老师的科研之路给我们的启示是：教师要把教育科研与自己的学习、工作，甚至生活、成长过程有机融合起来，努力开创教师教育科研的和合之境。那么，怎么实现这种教育科研的和合之境呢？关键是要在选题的过程中，对这些需求进行综合考虑。具体可以采用维恩图的方法来发现共同相关课题。

维恩图是由19世纪英国哲学家、数学家约翰·维恩（John Wayne）于1881年发明的。在维恩图中，各个集合（或类）以圆/椭圆（的内部区域）来表示。两个圆/椭圆相交，其相交部分表示两个集合（或类）的公共元素，两个圆/椭圆不相交，则说明这两个集合（或类）没有公共元素。在课题选择的过程中，至少应从个人兴趣点、工作难点、理论热点三个方面进行综合考虑，如图2-2所示。个人兴趣可以保证课题的持续性；工作难点可以得到单位的支持，实现个人和单位的协同发展；理论热点可以获得专家同行的支持，有利于课题的立项和成果的发表，其中重合的部分就是课题研究的重要内容。协同思考，就是要通过维恩图，把各方面的考虑统一整合到一个点上，这个点就是问题的焦点，这个焦点就是共同问题。比如，在我早期的研究中，教师专业生涯研究获得较高评价；后来从事大学生创业教育工作，就主要研究职业生涯规划；从事校长培训相关工作，就主要研究卓越校长的成长历程；之后因为女儿参加高考，我转而研究中小学生学业生涯管理与指导，生涯规划成为我研究、工作、学习和生活的共同问题。

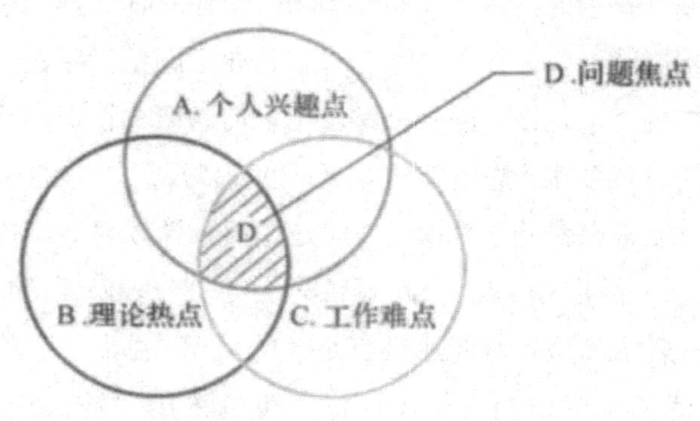

图2-2　选题维恩图

（三）生成思考

中国古代哲学中有一种“和合而生”的观念，是指各种因缘在合适的时间、合适的地点和合在一起，才能产生一件事或物，这个生成过程需要具有“天时、地利、人和”的条件。这种观念实际上是中国哲学中以“生”为基础的运动观的体现。中国古代哲学家认为，世界是运动变化的，运动变化是有规律的，事物发展的根本环节是“生成”，《系辞》中把“生生”提高到本体的高度，提出“生生之谓易”“天地之大德”的思想。老子提出了“道生一、一生二、二生三、三生万物”的宇宙生成论。中国哲学中的“生生观”具有丰富的内涵，并通过“动”“变”“化”“生”等概念，形成了完整的生成论。在这个发展过程中，一个“复”字反映了事物发展的基本规律——无往不复，即当事物发展到一定状态时，必然会向相互依存的另一面转化，事物变化的本质就是“反复”。这种“反复”的观念在很多古代哲学家的论著中有精辟论述，如“无平不陂，无往不复”（《泰卦·爻辞》）、“反者道之动”（《道德经》第四十章）、“穷则反，终则始，此物之所有”（《庄子·则阳》）、“离则复合，合则复离，是谓天常。天地车轮，终则复始，极则复反，莫不咸当”（《吕氏春秋·大乐》）等。

在中国古代哲学中，“和合”是事物运动变化的基础，生成是和合的结果，新事物是由旧事物变化生成的，这就是中国哲学固有的生成思维方法。与生成思维相对的还原思维则认为，事物是组合而成的。在教育科研中运用生成思维，首先要重视课题的生成过程，既要重视在旧课题的基础之上生成新课题，还要分析新课题未来的成长方向。这实际上可以看成课题选择中时间维度上的纵向和合。在具体的操作层面，就是指在选题的过程中要做到“顾三瞻五”。所谓“顾三”就是要回顾前三年的研究基础，要摸清申报的课题项目前三年的立项情况，也要思考自己以前的研究情况，思考能不能在以前的课题中融入一些新的时代要求，提出新的课题，也可以反思以前的课题研究中存在的问题，在此基础上进一步研究。所谓“瞻五”就是指要预计项目五年内的发展趋势，五年后课题会不会仍然是一个研究热点，五年后课题会处于一种怎样的情况，五年后课题是否还具有价值，五年后自己是否对此还具有足够的兴趣。总之，课题的选择不能仅仅想到今天，还要基于昨天，展望明天，在操作上可以采用“链式选题”的策略，如图2-3所示。

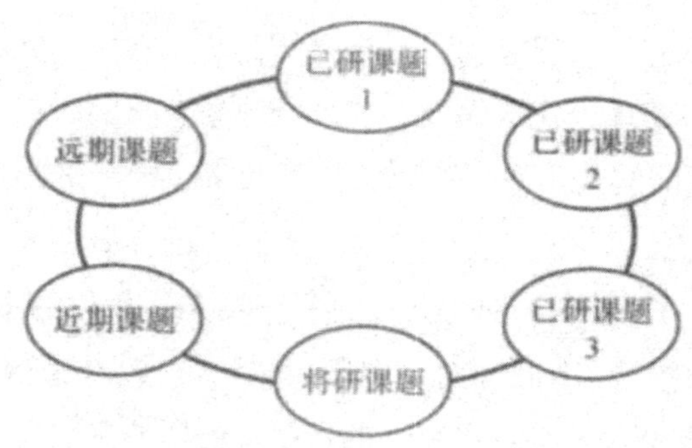

图 2-3　链式选题示意

在链式选题过程中，关键是要寻找以前、现在和将来研究课题中的“共同主题”，这就需要在选题中既要考虑以前的基础，又要考虑未来的方向，在操作上可以采用“以终为始”的思维方式。“以终为始”思维是一种反向思维方式，就是从最终的结果出发，反向分析过程或原因，寻找关键因素或对策，采取相应策略，从而达成结果或解决问题。以终为始的思维有三个特点：一是反向分析。这是一种从结果倒推开始、从产出倒推投入、从问题倒推策略的思维方式。二是科学选择。在倒推过程中，无论是目标的分解、产出过程的分类，还是问题产生的原因，都要正确、科学、准确地分析、研究，做出科学的选择。三是追根究底。要达到总目标，需要完成哪些细化目标？其中，哪个细化目标有改进和提升空间？改进和提升这一目标需要做什么工作？做这一工作要采用什么可行的方法和策略？完成这一策略需要什么资源？资源是否经济？要通过追根究底的持续发问来制定切实可行的工作计划，最终确保目标完成。“以终为始”的思维方式可以确保正确的方向，让研究者做正确的事，同时可以提高行动效率，避免不必要的环节。

在教师的科研选题过程中，采用“以终为始”的思维方式，从长远来看，就是要分析本课题的研究目的是否与本人专业发展规划的目标一致；从近处来看，就是以结题的目标来设计整个研究过程。研究者提出一个课题的时候，已经对这个课题的研究结果、问题的形成原因和解决方案有一个大致的想法。这个过程实际上就是“以终为始”的思维方式。从长远来看，采用“以终为始”思维方式最难的是对“终”的设定。发现“什么是我们最终要的”，又可以采用“时间矩阵”和“使命宣言”两种思维工具。

时间矩阵，又称时间管理优先矩阵，是新一代的时间管理理论，把时间按其紧迫性和重要性分成 A、B、C、D 四类，就形成了时间管理优先矩阵（见图 2-4）。不同类的事情要如何去安排，时间如何加以调整、运用，有四种区间可以参考：选择 A 区间的人，认为每样事情都很重要、很紧迫，是一种压力人（A）；选择B区间的人，对重要的事尽早打算，有条不紊地去完成重要工作，会规划自己的时间，是一个从容不迫的高效人（B）；选择C区间的人，被一些无关紧要的事纠缠，不断做一些很紧急但不重要的事，看起来很忙碌，但实际是一个低效人（C）；还有一种人，没有长远目标，只图眼前享受，得过且过，总在应付一些杂事，做不重要又不紧迫的事，是一种慵懒人（D）。同样，在课题选择过程中，很多教师对选题价值的思考较少，或者说只是为了一个很小、很近的目标，或者说很少考虑科研对个人的价值，这样选择出来的课题效能不够。对于紧急、不紧急的选择，很多人会选择紧急的，但是紧急主要是指当下的价值，在紧急状况下，课题是很难有好的成果的，因为好课题需要“精雕细琢”。这种选择会导致很多教师只能降低要求，疲于应付。所以从长远看，我们要选择重要不紧急的课题，进行长远规划，持续研究。

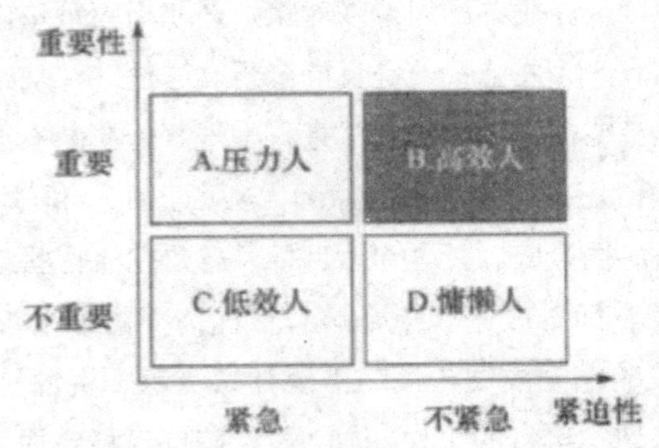

图 2-4　时间管理优先矩阵

在时间矩阵中，什么对于自己是最重要的？一般认为，未来有用的就是重要的，但是，这个未来到底有多远，这就涉及一个很深的话题——人生价值。也就是说，课题的价值选择，总体上要符合人生价值的方向，这样才能发挥课题研究的最大价值。在研究中实现人生价值，很多教师会认为这是一个虚无缥缈的问题，也会使课题选题复杂化，但从李吉林老师的成长历程来看，选题中的这种导向是现实的。发现自己人生价值可以通过制定使命宣言的方式来体现。使命宣言的制定分四步：

第一步，发现自我。问自己以下几个问题：我在什么时候状态最佳？我在什么时候状态最糟？工作中我最喜爱做的是什么？私人时间我最喜爱做的是什么？我天生的才能和禀赋是什么？

第二步，展开想象。如果条件容许，我将选择做什么？我的人生目标可能是什么？

我想成为一个怎样的人？当我老了的时候，我希望家人和朋友怎么评价我？

第三步，唤醒良知。我到目前为止已经为别人做过哪些有意义的事？我将为他人做出的最重要的贡献是什么？

第四步，撰写使命宣言。根据自己的优势和兴趣，融合目标和责任，创建一两句话作为使命宣言，并进行优化，使其清晰、易记，同时通过与他人分享，不断强化使命意识。

总的来说，通过整体思考，"和合"不同空间的因素，把问题放在一个更加宏大的背景下分析，才能提高选题的格局。通过协同思考，"和合"不同相关方面的因素，使一个问题的研究发挥多方面的作用，从而提升选题的效能。

通过生成思考，"和合"不同时间的研究问题，把握问题的动态变化和核心因素，提高选题的针对性和价值性。"和合"思维在课题选题过程中的应用，就是要统筹考虑这些因素，最后集中体现在一个具体的问题上，即由多到一的聚焦过程。

第二节　立体思维

一、立体思维与教育科研

创新是教育科研的根本要求。科研的创新性体现在选题的新颖性、方法的新颖性、材料的新颖性和研究成果的新颖性上。科研的根本任务就是要通过新颖的视角、方法和材料，得到新颖的研究成果。一个课题不具有创新性，它的研究价值是值得怀疑的。立体思维通过多角度、多层次的思维发散，能够帮助研究者以新颖的视角，提出新颖的方法，发掘到新颖的材料，得到新颖的成果。这种思考方式在研究方案的制定过程中发挥重要作用，并在整个研究过程中被广泛采用。

选题过程是通过对问题背景、研究价值、影响因素等进行全面的"和合"考虑，最后聚焦提出一个明确的研究题目的过程，这是一个把事物的个别方面结合成一个整体的"综合"的思维过程，需要采用和合思维。课题的题目只是提出了研究的大致方向，在研究过程中，具体涉及哪些问题、哪些内容，还需要通过问题的再陈述进行明确。实际上，一个课题中往往包含了几个具体的问题，列出了题目后还需要进行解题，指出研究拟解决的主要问题，这就是问题陈述，也就是说，从问题到题目，再回到问题（见图2-5）。前面的问题一般是指实际问题，后面的问题是研究问题，在进行这个步骤时，很多研究者会犯一个错误——快速地从题目直接进入大堆的资料里。

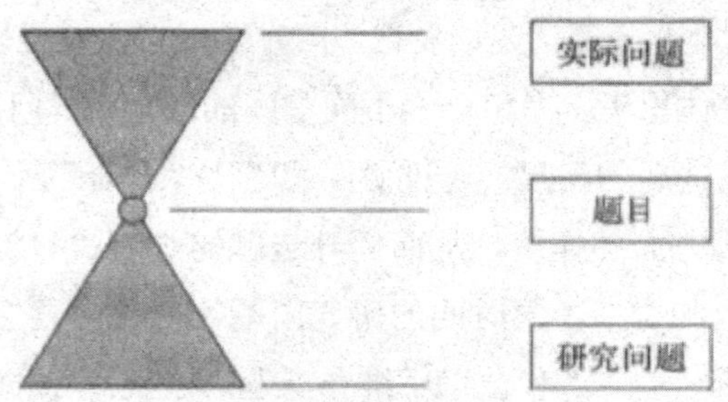

图2-5　选题过程的沙漏结构

因此，研究者需要编制研究计划书。研究计划书至少具有沟通、计划和契约三方面作用。沟通方面，它是研究者与提供指导、咨询的专家进行沟通的载体。计划方面，它是指引研究者进行研究的依据。契约方面，它是对研究者研究结果的评价。编制研究计划书的主要任务是说明研究的背景、明确研究的目的、阐明研究的理论基础、提出研究的问题和假设、说明研究的对象、说明研究的工具和测量方法、说明研究资料的收集方法、明确研究的步骤、确定研究的预期成果。无论是研究问题的陈述，还是研究内容的明确、研究方法的选择，这些研究方案中的重要内容都需要运用立体思维从多方发散，以便在大量的方案中寻找最优、最有效的方案。

研究方案确定研究的方向、内容、方法和预期成果，可以说研究方案基本决定了研究的水平。评价一个研究方案好坏，其中一个重点体现在研究是否有创新点上。因为，创新性是教育研究的基本特征，是研究价值的集中体现。一项研究的创新点体现在选题、方法、内容等多个方面。发现这些创新点需要研究者打开思路，进行多角度、全方位的思考，这种发散性的思考特点正是立体思维所具有的。立体思维既具有发散性、方向性和层次性，也具有很好的结构性，这种有结构的发散往往使研究的成果具有系统的突破性。

如果前一阶段问题提出的“收敛”需要和合思维，那么，到后一阶段问题的“发散”就需要立体思维。研究方案制定中的立体思维，与“研究选题”过程中的和合思维有很多的相通之处，它们都是在系统思维的基础上，强调事物是普遍联系的、运动的，所不同的是思考方向，和合思维是把事物的多方面综合到一个具体的“问题”点上，使课题承载更多的研究价值，是多个因素的收敛过程。立体思维是从一个点出发，使这个点具有更丰富的内容，是对一个问题的多向发散。收敛使课题有了落脚点，发散使课题呈现多样性，两者相互补充、相互流转，共同推动研究走向深入。

二、思维策略

（一）创维思考

很多人在分析问题时感觉到无从着手，不能展开，没有维度，对一个事物的认识往往停留在模糊不分的混沌状态。这是“点式思维”的具体体现。创维思考就是要把处于混沌状态的事物的各方面分化开来，并把两个相互矛盾的点连接起来，体现连续不断的量变形态，创造性地形成一个新的维度的思考方式。突破零维局限，这是创维思考的第一步。

创维思考过程从结果看会导致事物的分化，与分类比较的思维过程相关。创维思考的基本过程分三种：一是分析与综合，是最基本的思考过程，分析是指在思考中把事物的整体分解成各个部分的过程，综合是把对象各个部分结合成整体的过程；二是比较与分类，比较是发现事物之间共同点和差异点的过程，分类是根据对象的共同点和差异点，把它们区分为不同类型的思维过程；三是抽象与概括，抽象是在分析、综合、比较的基础上提取共同点、本质特征的过程，概括是把事物的共同点、本质特征综合起来思考的过程。创维思考通过分析过程形成分类的结果。结果通常是把事物分解成若干类别，以此揭示出事物之间的变化过程和相互关系，从而形成对事物更清晰、深刻的认识。

对一个概念理解不清往往是由于对概念的认识停留在整体的模糊状态，通过分解的办法可以看清内部结构，从而对概念有更深入的了解。这个过程就是分析的过程，也是创维的过程。比如说，你对“研究”这个概念不是很清楚，为了对它有一个更全面的了解，可以先找到一个你对“研究”的最初印象，比如说“研究”是一个理论性很强的事情，然后采用逆向思维，提出一个与理论相反的概念——实践，然后把两个极端连起来，形成有关“研究”类型分析的一个维度，并可以用“研究的目的维度”，把研究划分为若干类型，如图 2-6 所示。

图 2-6　教育科研一维（研究目的）分类

教育科研的分类可以有很多方法。这组概念主要是从研究的不同目的来区分的。理论是指人们对自然、社会现象，按照已知的知识或者认知，经由演绎、推理等方法，进行合乎逻辑的推论性总结。理论研究的目的就是产生“知识”。理论具有基础性，基础理论指一门学科的基本概念、范畴。所以，理论研究与基础研究有关。基础研究是指认识自然现象、揭示自然规律，获取新知识、新原理、新方法的研究活动。基础研究的目的是拓展知识，这个知识主要是指一般知识和普遍规律。基础研究不一定要有当下的、实际的用处。而应用研究的目的是解决当下的、实际的问题。应用研究是指将基础理论研究具体化，应用理论解决实际问题，形成实际产品。应用研究与实践研究有关。实践研究是教师常用的一种研究方法，与行动研究有点相似，往往表现为经验总结的形式，是指对教师在实践活动中获得的感性认识和体验、成功经验进行分析、概括、验证、筛选和提炼，使之系统化、模式化、理论化的一种研究方式。行动研究强调对基层的、日常的、实际的问题的解决，因此可以看成是一种应用研究。开发研究是指根据基础研究和应用研究的成果，开发出具有直接运用功能的教育产品，是一种更明显的应用研究，其研究成果明确指向可以使用的产品。依据这个维度标准，分析各种研究在研究目的中表现出来的属性，寻找到各自相应的位置。这种思考方式可以把一个事物分解成若干个部分进行分析考虑，从而加深对事物的认识。

（二）多维思考

事物的分化其实不只是沿着一个方向的，只沿着一个维度思考会导致线式思考的单项性和局限性，这就需要运用多维思考方式。所谓多维思考就是指在思维过程中，能从多个思维起点出发，把握多个思维方向和思维角度，运用多种思维形式和方法，沿着多条思路对思维对象进行全面、系统、整体，多层次的综合思考，以寻求多种思维结果，从中选择最优化结论的科学思维方法。

从思维的内容层次上看，多维思考包括纵向多维和横向多维两种类型，纵向多维指内容层次上的递进，使我们对问题的理解更深刻。横向多维是同层次的并列，可以使我们在面对一个问题时考虑得更全面，找到更多的可能性。对一个问题进行思考的时候，往往会有两种情况。一种是之前从来没有接触过或接触得不多的问题，不知道如何处理；另一种是经常接触的问题，但解决方法不够新颖。对于第一种情况，从纵向多维角度来说，先把新问题了解清楚、透彻，可能就会找到答案，不然则可以横向切入，尝试运用一些别的思想来解决。对于第二种情况，即使这个问题你再熟悉不过了，也要从纵向多维角度，再把这个“老朋友”审视一遍，尝试着挖掘一下它身上的更多东西，也许会有新的发现，横向多维实际上是一种平面思维。一种比较简单的横向多维方法是从一维到二维，具体的操作就是在原来一维的基础上，用同样的方法再增加一维，构成二维矩阵。比如，上面提到的科研方法的分类问题，如果再增加一个研究的论证方法的维度，就会形成科研方法二维分类矩阵，如图 2-7 所示。

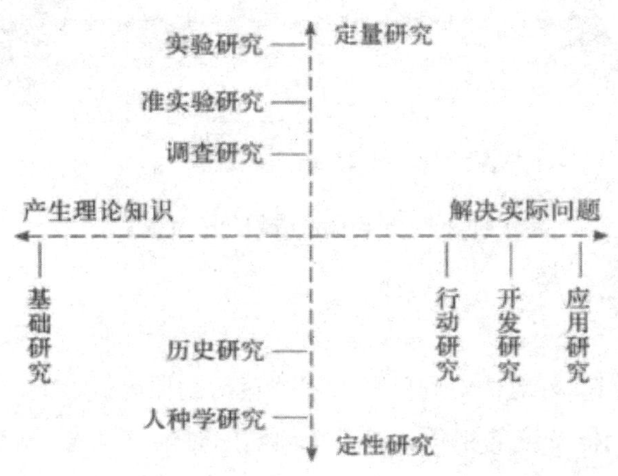

图 2-7　科研方法二维分类矩阵

从这个维度看，实验研究是通过控制变量来发现影响变量的是什么。调查研究通过分析变量的事件、关系和分布，发现变量的特征和变量间的关系。历史研究描述过去的事件或发生了的事实，揭示曾经是什么、发生过什么。人种学研究整体描述发展了的实际现象，揭示现象的性质是什么。其他的研究在四个象限中可以找到相对确定的位置。这种二维矩阵在对事物进行分类研究时非常实用。例如时间管理的重要紧急矩阵、人才选拔的德才矩阵、人际交往风格矩阵等。

另一种是比较复杂的横向多维，有多种（2 个以上）维度，这就可以采用鱼骨图分析法。鱼骨图由日本管理大师石川馨先生发明，故又名石川图。鱼骨图是一种发现问题“根本原因”的方法，因此也可以称为“因果图”。鱼骨图的绘图过程：填写鱼头（按为什么不好的方式描述）——画出主骨，填写大要因——画出中骨、小骨，填写中、小要因——用特殊符号标识重要因素。比如学习困难成因分析，将“学困生”标在“鱼头”处，然后分成“内因”和“外因”两部分，分列于主骨上下。内因分智力原因和非智力原因两个中骨，外因分家庭原因、学校原因、社会原因三个中骨，然后每个中骨下再分析小骨、小刺，最后再分析可以改变的骨刺因素，标上特殊符号（见图 2-8）。鱼骨图虽然以分析原因为主要目的，但其实也是一种全面、多层次、多角度分析问题的框架图，也可以作为分析问题、分析原因、分析对策等多种单一任务的工具。

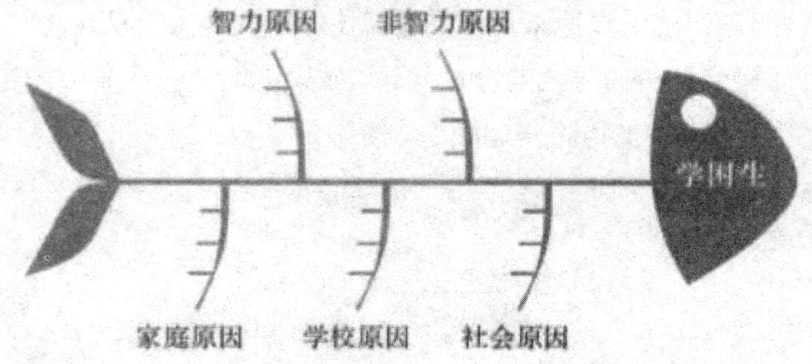

图 2-8　学习困难成因分析鱼骨图

（三）升维思考

理解层次让我们简单地认识到问题或困扰背后的原因，因而会更快地以“治本”方式去处理它。当你用低维度的视角去看某个问题的时候，感觉它无法解决。但当你站在一个更高维度去看它，也许它就变成了一个很简单的问题，甚至连问题本身也消失了。这就是我们常说的“升维思考、降维打击”的思维策略。一个局限于环境思维的人就会形成“问题在外”的抱怨思维，一个以行动思维为主的人就会陷入“我还不够努力”的繁忙境地，一个以战术思维为主思考问题的人会明白“方法总比问题多”，一个运用选择思维处理问题的人就会认识到“什么才是最重要”的目标，一个运用哲学思维处理问题的人常会反思“我是谁”，一个以领袖思维为主要思维方式的人就会进入“我能贡献什么？世界是否因我而不同？”的领袖自觉之中。

第三节　实践思维

马克思说："人的思维是否具有客观真理性，这不是一个理论问题，而是一个实践问题。"理论必须要由大规模的实践来检验。教育科研建立在实践的基础上，才能提高研究的客观性和针对性。为此，教师在教育研究中就应走进教育的真实场景，记录教育实践中发生的真实事件，用这些珍贵的"第一手资料"支撑起研究成果。这就需要教师具有从实践活动出发去思考和解决一切问题的思维方式。

一、实践思维与实践研究

在教师的教育科研中，强调实践思维是非常具有现实意义的。教育实践是教师开展教育科研最大的优势和资源，这一点可以从每年教师申报的立项课题中得到证实。

那么，什么是教师的实践研究？实践研究与行动研究有什么不同呢？尽管实践研究的提法已经在教师的教育科研中大量使用，但在有关教育科研方法的介绍中，我们会看到许多研究类型，比如基础研究、应用研究、开发研究、探索研究、政策研究、定性研究、定量研究、质的研究、实证研究、调查研究、文献研究等，但很少看到有把"实践研究"作为一种教育方法单独介绍的。有学者从教育研究的终极追求角度出发，把教育科研分为哲理研究、实证研究、实践研究（见图 2-9）。

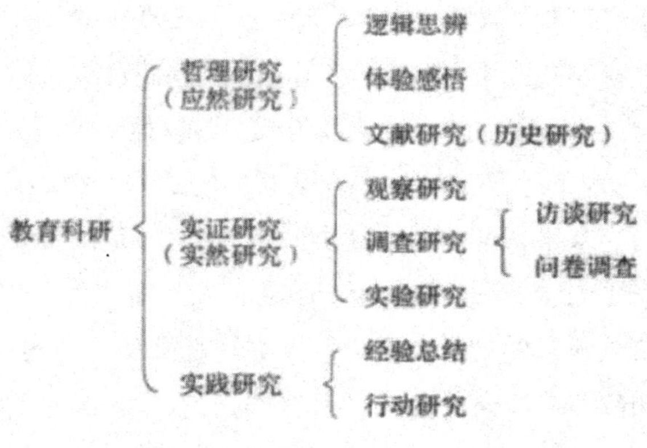

图 2-9　教育科研的基本类型

这种把实践研究与实证研究和哲理研究并列的分类方法值得商榷。关于实践研究的定位可以依照“知行合一”的观点，结合毛泽东在《实践论》中提出的“实践—认识—再实践—再认识”过程，做出“事实判断”和“价值判断”。因此，总的来说，所谓实践研究既是关于实践的研究，又是研究中的实践。具体来说就是在一定的实践场景中，通过实践行动，解决实际问题，以改进实践活动的一个过程。研究只是一种形式，重点在实践，这就是它与行动研究最大的区别，行动研究的侧重点还是在研究上。这也是为什么在研究方法的介绍中，没有看到“实践研究”单独作为一种研究方法的原因。从这个角度来说，每个教师都在不断地进行着教学实践，那么他们都是一个个实践研究者，需要做的只是增加研究必需的基本形式。综上所述，强调实践、尊重实情，从实践的角度出发，运用真实材料开展教育科学研究，就是教育科研的实践思维。

二、思维策略

（一）实地研究

在教育研究中强调实践思维，首先要求研究者具有“实事求是”的态度，将研究建立在事实的基础上，形成“实在思维”。所谓“实在思维”简单来说就是对具体存在的事实的思考。人的思考对象有两种，一种是虚拟的世界，另一个是客观存在的世界。教育科研作为一种追求真理性的活动，必然要求在认识活动中保持客观性，力图使理论与现实之间保持某种程度的一致性。

那么，怎样获得教育研究需要的客观存在，或者说真实的教育存在呢？最好的办法是研究者能够进入教育实践发生、发展的实际场景，以获得教育研究中珍贵的第一手资料。“深入实地”是教育研究中的一种重要方式，这也是实地研究的根本特点。南京大学风笑天教授指出，社会科学中的定性研究从研究的基本特征的角度划分成两大类。一类是以“深入实地”为基本特征的“实地类”定性研究，是最重要也是最具代表性的定性研究；另一类则是以“专注于文本”为基本特征的“文本类”定性研究。所谓“实地研究”是指深入到研究现象的生活背景中，以参与观察和无结构访谈的方式收集资料，以定性分析来理解和解释研究对象的一种研究方式。有学者指出实地研究是定性研究方法论中最重要的资料收集策略。

如何进入教育现场？如何收集有关资料？如何对资料进行合理解释？资料的收集尤以方法为重。其中实地观察、深度访谈和文献查阅是基本方式。

1.实地观察

观察是科学研究最基本的方法，无论在自然科学还是在社会科学的研究中，这都是一种重要的研究方法。作为一种科研方法，与日常观察相比，它具有更强的目的性、系统性和计划性。一般观察通常只具有“获取事实—主观判断”的简单过程，而研究观察是围绕研究问题在两者之间螺旋提升的过程，是一个更高层次的认识过程。随着多种观察工具的应用，观察法从感性的经验状态转向理性的专业状态，无论在定量研究还是目前流行的质的研究中都是一种不可或缺的重要方法。实地观察中，研究者参与研究对象的活动的情形大致分为三种：一是完全参与，指研究者完全参与到教育实践活动中，研究者本人既是研究者，又是活动执行者；二是有限参与，指研究者参与各种活动，并且承担一定角色，但不参与互动；三是局外观察，指研究者完全不参与研究对象的活动，以旁观者的身份进行观察。根据观察的内容是否持续完整，观察可以分为叙述观察、取样观察和评定观察。叙述观察是一种持续完整的观察，日记描述法、轶事记录法、实况详录法都是叙述观察。

取样观察是有选择地观察对象，这种选择通常按时间取样或按事件取样。评定观察是在观察的基础上对事件作出判断的一种观察方法，最常见的有行为核对和等级评定两种。根据观察记录的结果可分为定量观察和定性观察。前者以数字化的形式呈现观察结果，如编码、符号和等级。后者以文字的形式描述结果，如田野笔记、图式记录和音像资料等。

2.深度访谈

访谈也是定性研究的一个基本方法。深度访谈是一种无结构的、直接的、一对一的访问形式，又称自由访谈。它与结构式访谈相反，并没有事先设计的问卷和固定的程序，而只有一个访谈的主题或范围，访谈者与被访者围绕这个主题或范围进行比较自由的交谈。深度访谈需要有较高的访谈技巧，教师一般从结构式访谈做起，事先根据研究计划，制定一份备用的访谈提纲。访谈提纲由一组问题组成，题目像问卷题目一样，也分封闭性题目与开放性题目两类。比如：你喜欢教师职业的哪些方面？有些教师可能一时回答不出来，遇到这种情况要设计一组可供选择的调查项目，比如教师职业的稳定性、专业性、社会认同性等方面。实际上，也可以设计一组问卷以供选择，然后再根据选择进一步地追问，这样能提高访谈的效果。访谈问题的设计准则与问卷的设计准则基本相同。

访谈的组织具有更高的技术要求，在访谈中教师要尽量做到如下几个方面：

（1）尽量按照访谈设计的问题顺序和原话提问。

（2）尽量营造轻松、愉快的氛围。

（3）谈话要口齿清楚，语气委婉，音量适中。

（4）要对回答进行小结，向被访者证实你的理解是正确的。

（5）要学会倾听，设法理解语言背后深层次的意义。

（6）要鼓励被访者，不要轻易打断其说话。

（7）要做出必要的回应，比如点头、微笑。

（8）避免高谈阔论，要及时引导被访者回到主题上来。

（9）要与被访者保持合适的距离。

（10）要做好记录准备，使用表格等。

（11）把握访谈时间，适时结束，并表示感谢。

（12）结束后要及时整理访谈记录。如有可能，可以让被访者阅读确认。

实地研究的深度访谈可以采取正式访谈与非正式访谈相结合的方式。正式访谈大都采取半结构访谈，研究者事先做框架性的访谈准备，但实际访谈中要根据具体场景与交流提出问题，不能拘泥于研究者所设计的问题，要为被访者提供足够的自由。要达到深度访谈的目的，在开始阶段不宜直接谈论敏感话题，需要从被访者一般化的兴趣领域入手，逐渐发现被访者的兴趣点，然后再展开，进入教育政策话题。这样可以切中被访者的兴趣，让被访者有话说，说真话。由于实地研究时间较长，加之接触人群较为宽泛，对一些问题更宜采用非正式访谈的方式。

3.文献查阅

教育现场中的各种文档，比如档案、文件、会议记录、规章制度、名册、报表等文本资料都是第一手的研究文献。“文献”一词最早见于《论语·八佾》，宋代朱熹注解道：“文，典籍也；献，贤也。”文献资料按文献的载体形式可分为印刷型文献、微缩型文献、电子型文献（声像型文献）；按文献的加工程度分为零次文献、一次文献、二次文献、三次文献。零次文献：未经发表或有意识处理的最原始资料，即常说的第一手文献，包括书信、手稿和各种原始记录，比如谈话记录、会议记录等。一次文献：作者本人的研究成果或创作，也称为原始文献，比如期刊论文、科技报告等。二次文献：文献工作者对一次文献进行加工、提炼和压缩之后的产物，包括文摘、索引、题录、书目等。文献检索就是从众多的文献中查找并获取所需文献的过程。文献检索是教育研究中必不可少的过程，在课题的提出、设计、论证中都会有涉及。文献查阅比文献检索的含义更丰富，“查”具有检索的意义，“阅”就是阅读与处理文献。文献查阅可以为研究者确定选题提供基础，扩大研究者发现问题的视野，帮助其了解国内外相关研究的状况，可以为研究工具的设计提供参考，为研究的设计打开思路，还可以为研究成果的撰写提供素材。

因此，文献查阅在研究中具有十分重要的作用，贯穿于整个研究过程。文献检索过程一般要解决“找什么”“哪里找”“有什么”“是什么”这几个问题。整个过程可分为准备阶段、检索阶段、加工阶段，包括以下几个环节：

（1）确定与课题相关的关键内容（找什么）。

（2）确定检索工具与信息源（哪里找：实物检索与计算机网络检索）。

（3）确定与课题研究有关的论文或报告的标题。

（4）排列论文或报告的复印件以便查阅（剔除无关材料）。

（5）将材料按内容或重要程度排序，分类。

（6）对材料做摘要或总结。

（7）写综述或评论。

（8）列出参考书目。

文献查阅的途径和方法主要包括人工查阅和计算机查阅两种方式，尽管现在网络普遍应用，但在实地研究中，手工检索仍是文献检索的基础。

（二）实证研究

通过实地研究，研究者“深入实地”获得第一手研究资料，那么，怎样运用这些资料得到客观的研究结论呢？这就需要研究者具有实证思维。“实证”的字面意思就是实际的证据，实证研究是科学研究的一种基本范式。

调查和统计是实证研究的基本环节。尽管有研究者反对将教育实证研究窄化为“教育统计研究”，但对于目前的教育研究来说，调查和统计分析仍然是一种需要加强的基本方式。因为，实证研究倡导“用数据资料说话”。对于一线教师来说，问卷调查、教育测量是开展实证研究的基本方式。

1.问卷调查

问卷调查的关键是问卷编制，调查问卷是教育研究中收集资料最常用的工具之一，许多研究都基于问卷调查的结果。问卷与其他研究手段和工具相比，具有高效性、客观性和可操作性的特点，是教师的重要研究手段。问卷调查整体上包含问卷的编制、问卷的实施、问卷的整理与统计、问卷结果报告四个方面。其中问卷的编制是整个问卷调查研究的起步环节，决定着整个研究的质量，它有标准化的编制程序，包括前期准备、初步探索、编制初稿、试用与修订等环节。

前期准备时首先要明确调查的目标，要根据研究的目标，明确希望通过问卷搜集到哪些资料和信息、如何对获得的资料进行统计分析、这些资料能不能得到研究的结论。其次要根据研究设计中的研究对象，了解调查的样本属性，包括研究对象的性别、年龄分布、职业、受教育程度等。然后要根据研究计划书中有关概念的界定，对问卷中可能出现的概念进行操作性定义。

初步探索主要是要初步明确问卷中的内容，就是要明确调查些什么问题，对题目的范围和形式有一个初步的印象。确定问卷的内容是编制问卷的关键环节，可以通过以下途径进行探索。第一，寻找已有的研究成果中对该问题的理论分析是从哪几方面进行陈述的，有没有相似的调查问卷可以参考，其他领域的同类型调查是从哪几方面进行的。第二，根据研究计划书中的研究目标和研究内容，以及研究假设，确定调查问卷的主要方向，通过演绎思考，确定从哪几方面进行细化，形成结构框架。第三，与同伴或者专家交流，将前期的探索成果和初步想法与他们进行沟通，倾听他们对该问题的看法，或者对调查对象进行访谈，了解更多这方面的信息，做到心里有数。

编制初稿就是把前期探索的结果用文字的形式呈现。一份完整的调查问卷一般包括题目、前言、指导语、基本情况、问题及答案、结束语六大部分。

前言也称为卷首语，也就是问卷的开场白，是调查者写给被调查者的一封短信，主要向被调查者简单介绍调查的目的和主要内容，有时还包括指导语。

问题是调查问卷的核心，问些什么问题是问卷设计的难点。问题根据回答的依据和目标可以分成客观描述性问题和主观评价性问题。客观事实是指可以从客观上验证的事实和事件的信息，比如对调查对象个人背景和基本情况的描述，称为特征性问题；对调查对象的行为方式的调查，称为行为性问题；对被调查者经历过的事情的描述，称为事件性问题。主观态度是指被调查者对某事件的看法、感觉和判断，主观评价性问题是调查中问及最多的问题，包括态度感觉问题、意愿情感问题、看法观点问题等。还要考虑问题形式，根据研究者是否控制问题回答的形式，问题可以分为开放性问题和封闭性问题两类，具体包括填空式问题、是否式问题、选择式问题、排序式问题、等级式问题、量表式问题、矩阵式问题等。

然后进行问卷评估和修改。一致性是评价问卷质量的重要标准，包括问题答案的一致性，即调查问卷的效度；和调查目标与问题的一致性，体现了调查的信度。在此基础上，按照如下清单，进行检查和完善（见表 2-1）。

表 2-1　调查问卷核查问题清单

准则 1	问题一定要有针对性	a.除了少数几个背景或统计信息的题目外，其余题目要与研究问题、研究内容、研究假设直接相关
		b.题目要清楚、不含糊，使用的术语要使答题者能明白
		c.问题中不要包含抽象概念
准则 2	一次只问一个问题	a.在一个题目中，只准包含一个问题
		b.问题中不要包含双重问题
		c.使用一个群体作问题的主语
准则 3	防止使用导向性问题	a.避免那些对答卷人带来压力的问题
		b.避免问卷出现“社会认可效应”
准则 4	问题对大家普遍适用	a.题目尽量短一些、简单一些，避免使用长句
		b.问题不能太难，包括回忆难度、计算难度等
准则 5	答案要合理	a.收集定量数据信息时，要求答题者答出明确数量
		b.题目的答案要可以穷尽的，具有覆盖性
		c.内容维度要全面
		d.选项之间互相独立，不要交叉
准则 6	问卷排列要清晰	a.保持问卷问题的合适数量，一般为 50～70，答题时间在半小时之内为宜
		b.问卷的问题整体上要遵循先易后难、由近及远、先封闭后开放的顺序排列
		c.原则上，相同调查指向的问题一般排在一起
		d.问题和答案排在同一页
		e.整张问卷要体例统一，结构完整

2.教育测量

美国心理学家桑代克（E. L. Thorndike）认为，所有客观事物都有数量，有数量就可以被测量出来。开展教学研究总会遇到变量需要测量，测量已经成为当前教育研究中不可或缺的重要方法之一。

在许多场合，测量与测验常作同义词来使用，但实际上这两个概念是有区别的。总体上说，测验是测量的工具。测量有很多方法，如实验法、观察法、测验法等。测验是其中的一种方法，在使用上主要作“名词”使用。测量则是一种实践活动，主要作“动词”使用。

测验作为测量的工具，按照不同的分类标准可以分出很多测验类型。按照测验的内容，可以分为认知测验和人格测验。认知测验又称为能力测验，主要包括智力测验、能力倾向测验、教育测验（又称成就测验）。智力测验的目的是测量智力的高低，其结果通常以智商（IQ）来表示。能力测验的目的是发现潜在才能。成就测验主要测量经过教育后对知识、技能的掌握程度，如识字量测验、计算测验等。人格测验主要测验个性中除能力以外的部分，包括性格、情绪、需要、动机、兴趣、态度、气质、自我概念等。

有如下几种不同的测验划分方式。从人数看，分个别测验和团体测验。从使用材料看，分语言文字测验和操作性测验。从测验的参照系看，分常模参照测验和目标参照测验：常模参照测验是衡量被试相对水平的测验，如智力测验；目标参照测验又称标准参照测验，将被试与事先制定好的标准进行比较，看被试是否达到目标规定的要求，如单元考试等。从测验操作的标准化程度看，分标准化测验和非标准化测验。标准化测验的编制与实施有一套标准程序，获得的结果比较客观，应用范围广；非标准化测验是由教师自编的简单测量，一般标准化程度不高。

在教育科研中，常用测验包括以下几种：

（1）成就测验。学习成绩是学校教育的主要成果，也是教育研究中主要的变量，所以，学习成就测验在研究中经常出现和使用。比如，在实验研究中，通过单元测试等形式来确定学生的学习成就是经常采用的一种方法。成就测验大多采用已发表的测验，已发表的测验通常构建得很精密，具有较高的可信度，且所花精力较少，而且在图书馆、网络上可以寻找到很多这样的测验，所以，选用已有的成就测验是一个十分有效的途径。由于成就测验可以通过对内容进行逻辑分析来确定，所以自制成就测验也是比较常见的一种方法。

（2）智力测验。智力测验产生较早且应用很广，智力测验的结果用智商（IQ）表示。比奈（Alfred Binet）首先提出了智龄的概念，后提出了智商计算公式：智商（IQ）＝智龄（MA）/实龄（CA）×100%。常用的智力测验有如下几种：①斯坦福—比奈智力量表。1916 年，美国斯坦福大学著名心理学教授推孟（Lewis.Madison.Terman）和他的同事们共同完成了对比奈—西蒙智力量表的修订工作，产生了著名的斯坦福—比奈智力量表。②韦克斯勒儿童智力量表。1939 年，美国著名临床心理学家韦克斯勒（David

Wechsler）发表了韦氏成人量表第一版，1949 年把年龄往下推，提出了韦克斯勒儿童智力量表（WISC，适用于 6～16 岁），1963 年，又提出了韦克斯勒学龄前儿童智力量表（WPPSI），1991 年，正式出版了韦克斯勒儿童智力量表第三版（WISCIII）。③考夫曼儿童成套评价测验（Kaufman Assessment Battery for Children, K-ABC），又称考夫曼儿童智力测验，它由美国测验学家考夫曼夫妇于 1983 年共同编制而成的，主要适用于 2 岁半至 12 岁半儿童。K-ABC 测验包括 16 项测验内容，分同时性加工量表、继时性加工量表和成就量表三部分。④瑞文标准推理测验是一种非文字的智力测验，主要用来测验一个人的观察力及思维清晰的能力。它由英国心理学家瑞文（J. C. Raven）于 1938 年创制，经过发展，形成了标准型、彩色型、高级型和联合型，适用于 5～75 岁的儿童、成人或老人。⑤绘人测验。绘人法是一种简单易行的智力测验方法。古迪纳夫（Florence Laura Goodenough）最早提出绘人法可作为一种智能测验，并且对该法进行量化研究，1926 年出版《绘人智能测验方法》一书，提出了完整评估体系。

（3）人格测验。这是指以需要、兴趣、性格等人格特征为测验对象的测验，主要包括结构明确的问卷测验和结构不明确的投射测验两大类。问卷式人格测验所使用的测验工具是问卷量表，被试对每个问题选择作答，然后换算成数值予以评定。问卷人格测验又可以分为自陈量表和评价量表。自陈量表由被试自己回答，评价量表由他人评价回答。投射测验所用的刺激多为意义不明的图形、墨迹或数字等，被试在自由环境下做出反应，进而分析其人格，比如上面的绘人测验就是一种投射测验。常用的测验工具包括：卡特尔 16 种人格因素问卷（16PF）、明尼苏达多项人格问卷（MMPI）、艾森克人格问卷（EPQ）、加州心理调查表（CPI）、儿童 14 种人格因素问卷（CPQ）等。

测验设计除了进行测验工具的制定与选择外，还包括样本的选择、测试的实施、结论的解释等环节。编制一份测验是一个复杂的系统过程，一般需要经过如下几个环节：确定测验目的，确定测验对象和内容；拟定编题计划，确定测验方法和内容结构；编制测验题，确定题目的形式、内容和评分标准；试测和修订，分析难度和区分度，修订测试题目；组成正式测试，确定常模，形成手册；检验测试的信度和效度。这种编制过程专业化程度很高，对于一般教师来说，自制测验是有一定难度的。因此，在测验中一般选用已经出版的测验，对其进行适当的改编。选择测验可以从文献中检索得到，要考虑研究的目的、对象、经费、时间、能力等条件。然后按测验的要求严格实施，并对测试过程进行记录，对测验结果进行合理解释。

第四节 成长思维

高校教师能够胜任科研工作，成为专家型教师背后又有什么共同的地方？其中一个最大的特征是都具有一种不断成长的心智模式，这种心智模式即成长思维。

一、成长型思维与教育科研

为什么要强调成长型思维呢？这是因为，在教师的教育科研中，会遇到很多非智力因素导致的问题，这些问题有时会成为一项研究的决定因素。比如，在提高教师研究力的调查中，一个突出的问题是教师开展教育科研的动力缺失，产生这一问题的根本原因是这些教师具有“固定型思维模式”。他们认为，教师的科研能力是天生的，而自己不具有这种能力，因此再努力也不会成功。正是这种畏难情绪和不敢挑战的心理，使很多教师过早地放弃努力，远离了教育科研。其实教育科研能力是任何一位教师都具有的一项基本技能，只要不断学习和尝试，就会取得较好的成果。这样的例子不胜枚举。

事实上，很多在教育研究中取得成就的教师（我们往往称他们是科研型教师），都表现出鲜明的“成长型思维”的特征，这主要体现在思想观念和行为特征两个方面。在观念上，即使是科研高手也会认识到自己现有的科研水平有限，但他们相信只要学习，就可以提高。因此面对挑战，科研高手们会倾向于迎难而上，他们把挑战看作学习的机会，他们关心的其实不是表现得是否完美，也不是当下的成功，而是能否从中学到东西、能否在挑战中发掘乐趣。面对批评，科研高手们会愿意倾听意见、承担责任、从中学习。科研高手们非常相信努力和奋斗的意义，他们对自己不设限，乐于发挥潜能，他们也不急于求成，而是持久努力。在行动上，科研高手们也有共同的特征（见表 2-2）。显然，教师在教育科学研究过程中会遇到很多非智力、非技术的问题，如前面提到的怎样面对研究中的失败和挫折，怎样确立研究中的个体目标，怎样解决研究动力缺失的问题等。这些问题往往隐藏在具体的方法和技术后面，对研究的开展和研究的结果有着重要的影响。所以，成长型思维作为一种底层思维，对教育科研发挥着积极作用。也就是说，培养教师的成长型思维，可以进一步提升教师的科研意识和科研素养，进而促进教师研究力的提升。

表 2-2　科研高手们的行为特征

行为特征	具体表现
志存高远	他们的目标不会停留在一个具体的课题上，也不会把科研仅仅作为“职称评定”的任务；他们有自己美好的职业愿景，并为之而奋斗
勇于实践	他们会克服各种困难，把研究付诸实践；积极寻求多方支持，没有条件就创造条件；能够承担未知的风险，愿意付出，不计得失
刻苦钻研	他们能平静地面对挫折，不会让研究半途夭折；始终保持积极乐观的态度，积极寻求研究取得突破；不急于求成，采用“慢工出细活”的策略，有持久性
善于合作	他们愿意与团队成员分享成功，能倾听、吸纳不同的观点，借鉴不同的经验，在团队中有影响力；能够得到外部专家的指导

成长型思维建立在相信改变的基础上，很多教师在职业生涯中过早地拒绝改变，这种现象我们可以称为“固定型思维”或教师职业的早衰。在有关教师成长的研究中我们提到，每个教师都有一个成长期，这个过程的长短决定了教师取得的职业成就的高低。有些教师能够实现持续的改变、持续的努力和持续的成长，这样的教师我们才会称为“成长型教师”。也就是说，成长期是每个教师都会经历的阶段，而成为“成长型教师”只是教师职业生涯中的一部分，两者的差异主要体现在成长期持续时间的长短上。在能够实现持续成长的成长型教师中，一部分会最终成为“专家型教师”。

专家型教师与一般教师相比，具有以下几方面的特征：

（1）专家型教师都有一个明确的方向和专攻的领域。

（2）专家型教师擅长学习，在自己的领域内积累了丰富的知识。

（3）专家型教师有机会解决大量的问题，对复杂的问题能用多种模型合理解决。

（4）专家型教师具有较强的思维能力，拥有积极主动的心智模式。

（5）专家型教师把更多的时间用于分析问题的质的方面，并能进行有意义的知识创新，从知识的消费者转变为生产者。

（6）专家型教师具有高度的自控能力，将坚持变成习惯，能坚毅地面对困难。这些内容，构成了专家型教师的特征框架（见图 2-10）。从框架中可以看出，成为专家有两个核心因素：一是要有明确的方向和目标，方向是否正确，目标是否高远，影响了一个人的格局的大小，具有导向作用；二是需要持续的努力，通过学习、实践和思维三个路径，不断提升个人专业素养。无论是目标的确定，还是努力中的坚持，都与成长型思维有关。

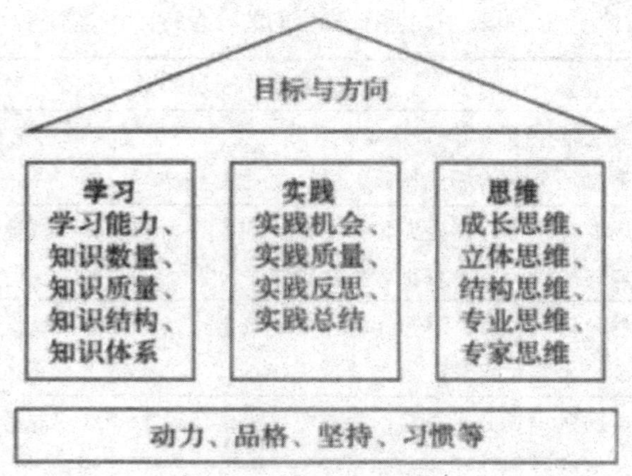

图 2-10　专家型教师特征框架

综上所述，成长型思维能解决教育科研中的深层次问题，成为专家型教师是教师进行教育科研的理想结果，成长型思维对成为专家型教师具有深刻、全面的影响。因此，在教师科研思维和专业表达中，强调成长型思维，有利于教师在探索期、新手期、胜任期、高手期到专家期全程化考虑教育科研中问题的方向，促使其从只注重技能技巧的智力因素向智力因素与非智力因素协同的全面思考方向转变。

二、思维策略

（一）闭环思考

“闭环”从字面上理解就是首尾相连的闭合环节。闭环思维最初在职场培训中出现得比较多，是指完成一项工作或参加一项事情，不管执行效果如何，都要及时、准确、认真地向发起者反馈，形成“发起—执行—反馈”的简单闭环。简单地说，做事要有始有终，不要虎头蛇尾或不了了之。有无闭环思维是一个人做事是否靠谱的表现，体现出一个人的责任心和执行力，也是形成良好职场人际关系的重要行事方式。

提倡闭环思维就是提高结果与目标的一致性，闭环思维就是要强调结果。从环节的角度来说，各个环节是环环相扣的，某个环节的缺失或弱化会影响整个任务的完成质量，造成我们常说的“掉链子”现象。每件事都可以分解成若干环节，比如学习活动就包括触发—理解—掌握—应用—纠错—熟练掌握，这些环节就组成了学习闭环。科学研究的基本环节包括提出问题—进行猜想和假设—制订计划与设计实验—获取事实与证据—检验与评价—表达与交流，这些环节就组成了研究闭环。一项课题研究从管理的角度看包括课题申报—课题立项—课题开题—中期评估—课题结题等环节。这些环节按照时间先后顺序排列，有利于研究者形成工作的整体观，同时使复杂工作被有效分解。

从回路的角度看，闭环思维强调从起点到终点，最后再回到起点。无论是任务闭环、电路闭环，还是后面的科研闭环、学习闭环，这些闭环实际上都是一种回形结构模型。与金字塔结构逐级分层的思路不同，闭环思路强调的是环形思考。人们一般在完成任务和分析问题过程中，倾向于采用任务驱动、反应式的线性模式。这是一种关注眼前、"条件反射"式的应对方式，也是一种按部就班的思维方式。闭环思维中的环形思路是一种"以终为始"的思维策略，把开始和结果结合在一起，使开始有明确方向，结果又有可靠的保障。而且这种回路有利于形成循环机制，在同样的环节下，进行反复改进，简单高效，可进一步提高任务的完成质量。比如说行动研究闭环包括计划—行动—观察—反思等步骤。但实际的研究过程因为多种因素的影响可能会出现反复的、暂时的间断或偏离主题的情况，始终需要为了改进实践而努力，是一个不断循环和螺旋上升的过程。

在闭环循环过程中运用闭环思维还需要加强对闭环的调节和管理，这种管理主要体现在闭环的目标管理、层次管理和方向管理三个方面。如果把单次往返称为单环闭环，那么，多次循环的往返可以称为循环闭环。每一个单环闭环的所有环节都有一个目标主题，多次循环闭环的目标主题如何保持一致与延续，就涉及闭环的目标管理。在研究的闭环中，最好能够采用同一或相关主题的方式管理研究主题。长期以来，我们都会不断地开展课题研究，很多教师采用水平选题策略，完成一个课题后就转换研究主题，每次都会为选题而"苦恼"。这种选题策略就像挖井一样，很多人为了找到有水的地方，往往东挖一下，西挖一下，但却没有深挖。闭环的目标管理则采用同一主题反复研究的策略，这样最大的好处是能提高研究的深度。首先要选一个值得长期研究、反复研究的有厚度的选题或研究方向。选择之后就要专注于自己的影响圈。

一个人的影响圈是其能够直接影响的范围，一个人的关注圈既包含了自己能掌控的影响圈，又包含了自己所关心但很难掌控或无法掌控的范围。有的人把焦点放在自己不能掌控的事情上，而放弃对能掌控的影响圈的投入与关注，导致影响圈缩小，这是消极被动的表现。而积极主动者就会把焦点放在自己能够掌控的事情上，这样就会扩大个人的影响圈。一个人的影响圈越大，个人的影响力就越大，一些专家型教师就是把精力集中投放到自己擅长的方面，在某个方面先形成一定的突破，然后围绕这个核心竞争力，逐渐拓展到相关方面，扩大个人的学术影响力。

在闭环多次循环过程中，每一次的闭环结果与上一次的闭环结果相比要有提升，也就是说，这个循环闭环应该是螺旋上升的，否则其对研究来说就会失去价值，成为低效或无效的科研闭环。比如说，当研究者已经明确了自己的影响圈，确定了自己几年或几十年的研究方向或主题，就应该围绕某一主题进行链式拓展，设计三个以上课题，分别选择上、中、下三个层面级别的课题，形成课题群、选题链，彼此不冲突，环环相扣，节节攀升。另外，根据不同级别的要求，在科研成果的形式上形成论文—课题—系列论文—专著的专业水平的闭环，从而在课题研究的过程中，不断提升学术能力和影响力，形成品牌，成为专家型教师。

闭环的运行有积极和消极两个方向。积极的闭环会使人越来越向理想的目标靠近，消极的闭环却会使人离目标越来越远。闭环的方向管理是指促使闭环向积极的方向运行。管理闭环的方向，关键是运用闭环的反馈调控功能，充分发挥人的主观能动性，对计划的执行结果进行分析，对结果是正向还是反向进行及时、客观的判断，并分析原因，采取必要措施，开放性地借用外力，扭转循环方向，形成个人的正向闭环能力。实际上，很多专家型教师起初与一般教师并没有两样，但他们集中力量办好几个“关键事件”，比如论文发表、课题评奖等，这些关键事件推动他们进入正向发展的闭环之中，起到了“四两拨千斤”的作用，最终使他们走向成功，而且道路越走越宽，成为专家型教师。每个人都有自己的短板，意志力又往往因为外界变动而减弱甚至消失，所以要想走得轻松些，将自己纳入良性的闭环，让自己的行为系统越来越优化，从而形成正面反馈的行为系统就尤为重要。

（二）工具思考

马克思曾经说过，人和动物的根本区别在于人能够制造和利用工具。工具原指进行生产劳动时所使用的器具，后引申为达到、完成或促进某一事物的手段。阿基米德说：“给我一个支点，我可以撬动地球。”这个支点，从某种角度来说，也可以理解为一个工具。其实，可以改变世界的工具在我们身边无处不在。工具改变了，我们的生活就发生了巨大的变化，这样的例子不胜枚举。工具思维就是重视工具作用，要意识到永远会有更好的工具，并愿意投入精力去寻找、创造和使用新的工具，以提高自己的工作效率和能力，使自己从繁重的工作中解脱出来。教育研究中也存在着大量这样的研究工具，使用这些研究工具，能提高研究效率，改变研究质量，提升研究者水平。教师在研究中不善于利用研究工具已经成为影响教师研究水平提高的主要问题。在教育信息化快速发展的今天，教育工具思维对教育科研的思维方式、获取资料的方法和最后结果呈现的形式都产生重大影响，总体上体现了网络化、数据化、可视化、智能化的特点。这种变化主要通过一批信息化研究工具的推广和使用来实现。这些工具主要包括网络文献信息检索工具、个人知识管理工具、调查分析工具等。

（三）合作思考

在教师的专业成长进程中有两种路径：一是个人奋斗，依靠个人力量成长，成果独享；二是合作成长，依靠团队的力量发展，成果共享。从专家型教师的现状来看，采用合作成长路径的教师占多数，而且持续的时间和最终达到的高度要比采用个人奋斗路径的教师好很多。因此，合作成长是成为专家型教师的必由之路。简单来说，合作就是“互相配合做某事或共同完成某项任务”。

在教育科研过程中，或者说在成为专家型教师的专业成长过程中，教师可以通过以下几方面提高合作成效，进而提升科研水平和专业能力。

1.明确合作目的

合作一是为了实现共同的目标。课题研究中的共同目标多数是在实践中共同遇到的问题，所以，以解决共同关心的问题来组织团队是一个基本策略。二是为了互相学习。教师通过合作能够学习到他人的技能、专业知识。这实际上也是很多教师参加别人主持的课题的主要目标。三是为了获得资源。一个人的能力是有限的，教师在课题研究中会遇到很多实际问题，比如材料的获得、资金的限制等，这时候教师需要寻找能够解决这些实际问题的单位，和有关人员进行合作。四是为了分担风险。分担风险是开展重大项目合作时需要主要考虑的目标。

2.组建合作团队

教师无论是开展课题研究，还是实现专业成长，都需要获得专业团队的支持。团队合作是指团队共同完成某项事情。1994 年，斯蒂芬・罗宾斯（Stephen P. Robbins）首次提出了“团队”的概念：为了实现某一目标而由相互协作的个体所组成的正式群体。在随后的十年里，“团队合作”的理念风靡全球。当团队合作是自觉和自愿时，它必将产生一股强大而且持久的力量。课题组就是一个很重要的研究团队。课题组要多样化，讲究成员、人数、年龄、职称、学位、单位、专长和学科的合理搭配，优化组合。主要成员应该是志趣相投的同道者。成员不宜太多，3～6 位比较合适。

3.开展有效沟通

有效的沟通是成功合作的必要条件之一，其需要建立在开放的心态上。奥托・夏莫（Otto Scharmer）和凯特琳・考费尔（Katrin Kaufer）的《U 型变革：从自我到生态的系统革命》一书中，提出了三种“开放”，即开放思维（以挑战我们的设想）、开放心灵（做到真正聆听他人）、开放意志（放开预设目标与计划，专注于真正所需与可能），这是合作成功的基础。成功的合作还需要好的组织设计和合作场景的设计。有时咖啡吧里的交流远比正式会议场所的交流更加深入。合作创新并不是一群人坐在一起不停地进行头脑风暴，不停地进行漫无边际的集思广益，还需要发散后的收敛，把观点聚集在一起，形成更高层次的成果和解决问题的方案。因此，好的合作生态中，需要发挥骨干作用，还要制定开展合作的组织纪律，明确各自的任务分工。

4.实施合作领导

一个好的合作团队，应该是星型结构，要有一个明确的团队核心。课题负责人和专家型教师在专业合作方面应发挥领导作用。

5.共享合作成果

合作是为了共同的利益，教师的专业合作牵涉到的经济利益比较少，主要是名誉利益，也就是我们常说的“名”和“利”。一项科研成果的署名是有讲究的。一种分配思路是以资源作为标准，领导由于占有丰富的资源，所以常常排在科研成果最前面，这是有一定道理的，有些课题的立项，往往看重的就是领导者的地位与身份。还有一种是以“创新”的角色与分量作为排序的依据，课题负责人在研究中具有首创作用，排在前面是不会有异议的，其他人员可以根据在课题研究中发挥的作用和投入的精力多少排列。除此之外，还有根据需要排序，或者根据事先的约定排序，或者根据合作当下的需要排序。分享成果的最好策略是尽量做大成果，让合作后每个人取得的成果比依靠个人能力获得的要大。在课题研究中，教师应在“课题链”的基础上，形成“成果链”，即每个人从自己合适的视角发表科研成果，各人的成果共同支撑合作成果，取得双赢甚至多赢的结果。

6.评估合作生态

按照闭环思维，一个课题的合作只是整个领域的其中一个环节，在教师的专业成长中，合作是一种工作方式，也是新时代必备的基本技能，对一个人进行合作生态评估，可以形成“合作—反思—评估—再合作”的正向闭环。根据教师专业发展的实际情况，我们制定了《教师合作能力与生态评估表》（见表2-3），教师可以根据这张表中的评估问题对自己的合作状态进行打分，分数（0～5 分）表示描述的评估问题与自身的符合度。打完分之后计算总得分，分析得分水平，从而找出存在的主要问题，进行适当改进，不断提高个人合作水平，完善专业组织体系。

表2-3　教师合作能力与生态评估表

序号	评估问题	打分	标记/备注
1	对别人提出的合作采取积极的态度		
2	自己遇到困难总是希望通过合作解决		
3	积极寻找与自己持不同意见和想法的人		
4	在合作中积极表达自己的观点		
5	我会倾听、倾听再倾听		
6	对团队信任，与合作伙伴彼此信任		
7	能被别人的观点改变自己的目标和想法		
8	不刻意回避冲突，有能力在发生分歧时合理处理		
9	坚定不移地行动，能够在规定期限内完成任务		
10	能平等、友善、谦虚地待人		
11	能够用更大的梦想来挑战自己		
12	有能力把团队的各种意见整合起来		
13	自己在团队中能获得全体成员的信任		
14	愿意把研究成果与合作人分享		
15	能把个人的专业目标与团队目标有机结合		
16	关键时刻有向上一级的专业支持关系		
17	有志同道合的专业伙伴关系		
18	有一批信任自己的专业学习者和追随者		
19	有一些有效合作的成功项目		

第三章　教师科研方法

任何课题的提出、构建与完成，都必须面向现实，根植于实际，从中寻求新的发现并提炼出独创的见解来，这就不仅仅是在办公室翻阅资料所能济事的。科学研究必须深入实际工作，深入与理论研究有关的群体，还必须遵循严格的科学规律开展工作。否则，便不能达到理想的效果和圆满的结果。所以，研究方法不仅仅具有方法论上的意义，它本身就体现了一定的科学原理、原则、规律和特征。教师从事科学研究，对于研究方法不仅需要熟悉，还需要熟练地掌握它们。

第一节　文献研究法

从各种文献资料中去挖掘、发现有价值的东西，从而总结出规律，这就是文献研究法，是教师搞研究的一种好方法。

一、文献搜集

（一）文献资料的搜集渠道

文献资料可以从以下几个渠道进行搜集：

1.购买

要了解最新的研究成果，在图书报刊获得渠道比较畅通，资料经费又比较充足的情况下可以考虑采购。可以到新华书店、购书中心或到大型图书展购买。

2.借阅

可以到图书馆、档案馆、博物馆，以及社会、科学、教育事业单位或机构借阅。学校、公共服务社区往往都建有图书馆，我们可以去借阅相关图书资料。在图书馆搜集研究文献的方式主要有两种：检索工具查找和参考文献查找。

检索工具查找方式指利用现成的检索工具查找文献资料。现成的工具可以分为手工检索工具和计算机检索工具两种。手工检索工具主要有目录卡片、目录索引和文摘。

参考文献查找方式又称追溯查找方式，即根据作者文章和书后所列的参考文献目录去追踪查找有关文献。

3.咨询

向与课题研究方向相关的资深教师或专家学者咨询，请他们开列书单，推荐图书、杂志，以便更快捷有效地获得已有的研究成果和学术动态。还可以利用参加学术会议、有学术因素的社会交往的机会获得与课题有关的资料和信息。

4.网上查阅

许多信息在网上都可以查到，可以到网上图书馆免费查询；可以到网上期刊数据库，如中国知网、万方数据知识平台等查阅；可以用搜索引擎搜索；也可以到研究性学习网站查阅；还可以到 BBS 论坛发求助帖子，请他人帮忙。

在网络上查阅搜集研究资料，一般采用关键词查询的方法。在普通网页上查找资料，最常用的就是利用搜索引擎进行资料检索，这也是最简便有效的方法。常用的搜索引擎有百度等。在网络期刊数据库中查阅文献资料，可以使用数据库自身提供的搜索工具。

（二）文献资料的搜集方法

1.顺查法

顺查法指以课题相关内容的研究开始的时间为起点，逐步推进到当前新出版的文献。这样比较费时间，但可搜集到较全面的文献资料，有利于了解课题研究的全过程，多用于范围较广，所需文献系统全面、复杂的研究课题。

2.逆查法

逆查法指从当前的文献逐年回溯过去的文献，直到满足需要为止，多用于新课题研究的文献搜集。

3.抽查法

抽查法指选择某课题领域发展迅速、研究成果较多的时期进行重点检索，以节省时间。一般多用于时间紧张的小型项目研究。

4.追溯法

追溯法指利用手头的文献所附的引文注释和参考文献目录作为线索，逐一追查原文，再从这些原文所附的参考文献目录逐一扩展，就像滚雪球一样。

（三）文献资料搜集的注意事项

1.充分重视第一手资料

搜集文献时，主要看与课题研究是不是相关，在此基础上尽量搜集第一手资料，因为第一手资料的准确性、可靠性要相对高一些。比如，要研究某个同学，如果搜集到他的作业、笔记、文章、日记、书信等（日记、书信内容属个人隐私，必须得到本人同意），再进行研究，会很有说服力。

2.尽量全面占有相关资料

力求搜集与课题研究相关的各方面资料，做到全面占有资料，才能得出正确的结论。所谓全面，要求研究者不仅搜集课题所涉及的各方面文献，还应注意搜集由不同人或从不同角度对问题的同一方面做出的记载、描述或评价。不仅要搜集相同观点的文献，还应搜集不同观点甚至相反观点的文献。尤其需要防止研究者自己已有观点或假设对积累指向的影响，不要轻易否定或不自觉地忽视与自己观点相左的材料。这样可以学会比较分析，使自己研究的结论比较科学、有说服力。

3.尽量搜集新的资料

要尽量搜集新的资料，因为新的资料在很大程度上比旧的资料更及时、更全面、更可靠。

4.做好资料保存工作

及时把所需资料复制、转录下来。报刊资料可以复印，为了便于保存和使用，还可以使用扫描仪和文字识别软件将报刊资料转换为电子文档。电子文档可以直接复制，再传输到自己电脑或学校提供的电脑空间。由于电子存储设备有损坏的风险，为了避免损失，应该养成对电子文档及时备份的习惯。

二、文献综述的撰写

搜集到足够丰富的文献资料后，需要在对资料进行梳理、甄别、提炼的基础上撰写文献综述。

（一）阅读分类

首先要对文献资料进行认真的阅读，先浏览后细读。浏览的时候就要判断资料内容与研究课题的相关程度，并将资料按内容或重要程度排序、分类。

（二）编制索引

正规的课题研究都要编制文献索引，就是将文献按照类别编制成目录形式，便于使用。如果查阅搜集到的文献资料比较有限，不会造成寻找使用上的麻烦，则不用编制文献索引。

（三）甄别拣选

通过文献搜集所得到的资料并非全部可用，有些资料可能质量不高，甚至在事实层面、知识层面、价值层面存在问题，这就需要研究者对这些资料进行充分的甄选与鉴别，做到去伪存真、去粗取精，避免在研究过程中受到不良的影响。

（四）整理提炼

由于各种资料形成的年代不同，作者的见解不同，在广泛阅读和筛选鉴别的过程中，往往可以发现对同一问题，作者各有各的理解。这时就要对文献中的信息、观点进行梳理，展开分析、思考和研究，在此基础上提出自己的观点，撰写文献综述初稿。

（五）修改完成

修改文献综述初稿，并完成文献综述。

三、文献综述结构与要求

文献综述的内容决定文献的形式和结构。由于课题的性质、材料的占有和资料的类型等方面情况多种多样，很难完全统一或限定各类文献综述的形式和结构。但总体上，文献综述的形式和结构一般可粗略分五个部分：绪言、历史发展、现状分析、趋向预测和建议、参考文献目录。

撰写文献综述，要尽量在全面充分地搜集并占有资料的基础上，以客观、科学的态度对材料进行分析，做到材料翔实、评析中肯、持论稳健，还要注意将文献观点与研究者观点区分开来，避免在表述中将二者混为一谈。

第二节　观察研究法

观察研究法在教师的科学研究中占有重要的位置。首先，教师就是长年累月地生活在他所要研究的群体之中，而且十分熟悉他们，观察时自然、深切、便捷，无须兴师动众。其次，使用这种方法有利于群体材料与个体材料的互补互济，防止出现失之偏颇的情况。最后，此方法所花费的财力是最少的。就实际效益来说，它也并不逊色于其他方法。我国著名幼儿教育专家陈鹤琴，对自己儿子的身心发展过程进行了808天的连续观察，并用日记的方式进行详细的文字记载，积累了大量的材料，于1925年出版了《儿童心理之研究》一书。苏联教育家苏霍姆林斯基（B.A.Сухомлиинский）在他的教育生涯中，持续观察了20年，写作了20年。他有一个3 700页的笔记本，“每一页都奉献给一个人——我的学生……”也就是说，他一生都在使用着观察研究法研究教育。他的教育理论博大精深、独树一帜，被誉为“活的教育学”的理论建树。这两位教育家从某种意义上可以说是观察研究法的代表。

一、观察研究法的特点

观察是一种视觉活动，但它又不是一般意义上的“看”。成语“察言观色”，《现代汉语词典》（第 7 版）解释为“观察言语脸色来揣摩对方的心意”。也就是说，“观察”只是方法和手段，目的是要透过表象，把握深层的本质的东西。观察研究法的特点和意向正是如此。

总的说来，观察研究法的基本特征有以下三个方面：

（一）鲜明的目的性

观察的出发点是根据研究课题的需要，为解决某一具体问题而设。

（二）严密的计划性

观察是在事先拟订的周密计划下进行的，观察的对象、时间、范围、内容甚至角度都有预设，不同于日常观察的随意性和走马观花式，那样所得仅是一些浮泛的印象。而且，观察过程以及观察结果都有理论的分析和判断参与其中，也就是说，这种观察是一种合乎理性的行为。

（三）高度的客观性

上述两条是对观察的主体而言的。而对于观察的客体，即观察的对象，则特别要强调其自发性与常态性，即绝不因其与课题的研究有关，或迎合课题研究的某种意向，而临时改变它的自然状态，因为那样做的结果，恰恰是损毁了观察的科学性，因而获得的材料便不普遍、不真实，最终的结论也就不正确、不可信。

观察研究法当然也避免不了局限性，这主要表现为：

第一，观察所得是经验性的东西，而经验性的东西一般很难精确地表明事物内在的因果关系。如恩格斯所言：单凭观察所得的经验，是绝不能充分证明必然性的。

第二，观察研究法特别强调观察客体的“自然状态”，而“自然状态”是一柄双刃剑，它既可以向人们提供最真实的因素，又因为它的无序性和可变性大，想从中提取系统性的东西难度相当大。

第三，观察研究法所得出的结论及其质量水平往往受观察主体条件的限制。观察主体的价值观、学术水平以及感情因素都会产生不同的影响，以致最终在结论上出现误差。

要避免诸如此类的局限，办法是同时相应地采取其他研究方法并与之配合。

二、观察的主要途径

一是在实际工作中观察。即在自己的教育教学活动中，随时观察学生们的行为。

二是参观。如参观学生的作品，去学生的家里进行访问，以及外出学习先进典型等。

三是听课。以旁观者的身份，冷静地分析其他教师和学生的教法与学法，寻找做得更好的方法。

四是参加教育活动。如参加学校里的升旗仪式、义务劳动、班队会、晚会等教育活动，都是全面了解学生的好机会。

三、观察研究的基本要求

（一）树立观察意识

教师要树立研究者的观念，时时刻刻用心、用眼、用脑去观察，以研究者的姿态进入学校和班级，时时处处都要做一个有心人。

（二）坚持客观全面的原则

观察时不要戴有色眼镜，要实事求是，不要因个人好恶影响观察的客观性。坚持观察的全面性，尽量系统地观察事物的各个方面和事物发生发展的全过程。

（三）处理好计划性与随机性的关系

专题研究的观察要有代表性和典型性，既要坚持目的性与计划性，又不要忽视偶然遇到的新奇现象。

（四）做好观察记录

要认真写好观察记录，尤其长久坚持更不易、更可贵。观察记录是珍贵的第一手材料，我们一定要把每天观察到的情况、体会到的问题与经验及时地记录下来，否则，即使当时观察到了一些情况，等用时也记不起来了。例如，坚持写“教育日记”和“教后感”对教师的发展和科研有很大的促进作用。

观察者通常是以现场目击者的身份出现，可收集第一手资料。然而有些资料并非全凭现场观察可得，如学生的学习动机、教师的教育理念、家长的教育态度等，都不是可以直接观察到的，必须借助于研究对象的自我报告，研究者提问，研究对象回答。如果问与答以口头语言进行，那就是访谈；如果以书面语言进行，那就是问卷。访谈和问卷是调查研究法经常采用的信息数据采集方式。

第三节　经验总结研究法

每一个教师在日常的教育教学工作中都积累了很多潜在的经验。这些经验是一笔财富，因为它源于实践。经验中蕴藏着科学，但经验并不等于科学。如能把经验梳理成科学规律，再用来指导实践，其价值将不可估量。

教师有时也不要太迷信名家和书本，要关注教育的原生态，即教师自己的经验与问题。高手在民间，实践是理论的故乡，自己在课堂教学中、在和学生接触过程中的那种感悟往往更真实鲜活、更可靠。

一、经验总结研究法的定义

其实，在千千万万个教师的课堂教学、班级管理的日常教育教学工作中，也有很多非常有价值的成长故事，如果教师能去发现、研究它们，也一样能研究出成果。而我们可以运用的方法便是经验总结研究法。

我们知道，教育教学经验可以分为两种：

一种是教师在教育教学实践中凭直观感觉和体会积累起来的一些经验。这种经验的形态是：教育活动过程＋效果＋体会。这些经验还没有经过认真的分析综合、总结、提高，即还没有上升为理论。所以，这些经验还是孤立的、局部的、零散的、比较原始的，还不能说是科学的，还没有揭示一般的教育教学规律，并没有普遍的指导意义。目前，大多数教师的经验还停留在这个初级阶段的水平上。

另一种经验是教师通过总结研究，即在教育教学感性认识的基础上，通过分析、归纳，得出对事物或现象的理性认识，揭示事物或现象之间的内在联系及其规律，进而把教育经验上升为教育理论、科学经验。

所谓经验总结研究法，是指研究者依据一定的研究目的和目标，对某种教育教学实践活动和经验进行分析研究、总结提炼，由感性认识上升为理性认识，将个别局部经验转变成具有普遍指导意义的科学经验，从而揭示教育教学规律的一种研究方法。显然，经验总结研究的成果是指第二种教育教学经验。

许多教师认为，要搞研究就得搞实验，研究是以后的事。其实不然，经验总结研究恰是对过去工作的研究，它是一种回溯研究，研究对象是“过去”的、已经完成的教育教学现象，而不是未来的教育教学现象。它所报告的内容是“实然”的教育实践，而不是“应然”的教育规则或“或然”的教育想象。

教育经验总结是一种追因研究。如果说实验法是先确定原因（假设），然后考察这些原因导致的结果，那么经验总结研究则是根据已经发生的结果追溯其原因。经验总结研究的出发点是已有经验，而其基础是取得经验的具体教育过程。因此，它既有直接研究的一面，又有间接研究的一面。经验总结研究是通过“追因”以揭示教育规律的一种研究方法。

实践是理论的故乡，教育科学不仅存在于专家的著作中，更存在于民间——广大教师的课堂教学、班级管理的日常教育教学工作中。

教育经验总结研究的过程是离不开实践的。总结教育经验，就实践者而言，必须边实践、边探索、边总结，逐步实现由感性认识到理性认识的飞跃；就研究者而言，必须经常深入教育教学第一线，调查、访问、观察、思考，必要时还得亲自参与实践过程，以获得丰富的感性材料，并在此基础上通过经验总结研究而建立起科学的理论。实践一认识一再实践，教育经验总结研究的成果必须再回到教育实践之中，以指导今后的新的实践。

二、怎样用好经验总结研究法

教师怎样运用经验总结研究法呢？可以考虑这样几个问题。

（一）确定主题

确定主题就是确定我要总结梳理什么。教育教学工作零零碎碎，不可能什么都梳理，一定要有所选择和取舍。

梳理表述经验，最怕的就是对众多教育教学工作缺乏提炼和取舍，面面俱到，导致重点不突出、平淡无奇。

（二）整理思路

整理思路，就是把要总结的内容梳理出一个框架：要总结的内容可以分几部分，先写什么，后写什么，每一部分都写什么。整理思路的最好方法就是列小标题。小标题的梳理过程，就是提炼观点的过程。列小标题可以是在一级标题下面根据需要再列二级标题。小标题列出来，文章框架就出来了，写文章的思路也就出来了。

当然，在实际梳理经验时，一开始不要对小标题梳理得太严格。因为一开始思路还不是很清晰，所以小标题不一定要很成熟，等文章写完后再修改完善也是可以的。

（三）提炼观点

梳理教育教学经验贵在找到规律性的东西，即从众多纷繁复杂的现象中找到反映本质的内容。这样，你的经验才能够从个别到一般，从个性到共性，具有普遍指导意义。

比如如何转变后进生的问题，下面这几条经验便具有规律性，值得借鉴：

第一，爱是教育的基础。越是不可爱的孩子，越是需要爱的孩子。班主任要改变学生，得先改变自己，做到宽容、耐心、欣赏，容许这些孩子犯小错误。

第二，利用闪光点。要善于欣赏，多发现这些学生身上的优点，别总盯着他们的缺点。

第三，因材施教。你对学生的了解有多少，你的教育成功就有多少，同病异药，一把钥匙开一把锁。

第四，捕捉教育时机。班主任要有静待花开的耐心，慢慢来，心急吃不了热豆腐，慢工出细活儿。

第五，增强自信心。自信是成功的第一要诀，而后进生恰恰缺少自信心，从增强后进生自信心入手，让后进生获得成功的激励是班主任比较普遍的做法。

第六，抓反复，反复抓。后进生出现反复是很正常的现象，不正视、不宽容、不原谅，不抓反复、不反复抓，是很难培养后进生的。

当我们做到这些的时候，就会发现学生越来越可爱，越来越有出息。

写作表述方式虽然可能多种多样，但这些核心观点应该阐述出来。提炼观点时，可以借助教育理论：一是撰稿时去读一些教育理论书籍，寻找思维碰撞；二是在论述观点时借助理论书籍上的一些观点作为支撑，把这些理论观点融进自己的班主任工作实践中去。

（四）寻找抓手

教师在一开始梳理经验时总是打不开思路，面对诸多经验，应该想办法找到一个抓手，或者说找到一个线索或突破口。做学生的思想工作要善于抓住教育时机。如果你想写班主任做思想工作的艺术，你就可以以“抓教育时机”为抓手进行梳理。所谓抓教育时机，就是针对青少年的心理特点，选择和运用最适合的教育方法和手段，在最有效、最易发生作用的时间进行教育。

（五）可读性强

有很多教师写的教育教学经验材料，科学性是不错的，但是可读性不强，文字刻板枯燥，缺乏艺术魅力。要想把经验材料写好，不仅要考虑科学性，还应该考虑艺术性和可读性。

“确定主题—整理思路—提炼观点—寻找抓手—注重可读性”，这是教师运用教育经验总结法的基本策略与技巧，按照这一思路和步骤进行研究，相信每个教师都能梳理总结出有价值的研究成果。

第四节　实验研究法

实验研究法是教师开展研究的一个重要方法。实验研究法与其他研究方法相比更为复杂，需要的时间和精力更多，但它的研究价值更大。

一、实验研究法定义

教师面对诸多教育教学问题，总会产生一些解决问题的设想，那么用什么方法来证明自己的设想是否可行呢？可以用实验研究法来证明自己的设想。

通俗地说，这是一种先想后做的研究方法（相对来说）。“想”：从已有的理论和经验出发，形成某种教育思想和理论构想，即“假说”（亦可称“假设”）。“做”：将形成的假说在积极主动、有计划、有控制的教育实践中加以验证。通过对实验对象变化、发展状况的观察，确立自变量与因变量之间的关系，有效地验证和完善假说。

实验研究法在科学研究的诸多方法中，相对来说，层次较高，理论含量较大，时间、经费的消耗也最多。而且，在实施中通常与其他几种研究方法并用。

实验研究法的独到之处在于它能真正检验因果关系假设，是检验科学假说、理论的重要手段。任一实验的结果都对与之相关的理论、假说提出某些肯定或否定的证据，而任何理论、假说都在与之相关的实验中经受着考验。正因如此，我国现代教育先驱陶行知、晏阳初、梁漱溟等均采取此法对他们提出的教育理论做过实验。

实验研究法的基本特征，除了上面说到的可以揭示事物发展过程中各种变量间的关系之外，还有以下两点：

一是这种研究方法是在人工控制的条件下进行的。在实验过程中，对研究对象的发生发展过程予以主动干预。它与观察研究法所要求的“自然状态”相反，是要时时按照理论的预想，主动操纵自变量的变化。这就是说，研究者人为地去干预、控制现象发生的条件和过程，有意识地变革对象某一方面的条件，从而得到自己所要的结果。

二是在这种研究方法实施过程中，要切实控制无关变量，以免各种偶然因素、无关因素的介入，使实验的预设条件保持恒定，以便实验达到理想的效果。

实验研究法的局限性也是很明显的，最主要的一点是其准确性不易把握。因为在教育教学上进行的实验研究法，面对的是人，而不是物。人的可变性是很大的，经常处于流动状态之中，加上各种无关因素随时介入，若控制失当，其干扰与破坏是很严重的。

为了保证实验研究法的成功与有效，实验研究法的实施应辅以观察、调查、比较等其他研究方法。科学精神是一切研究方法的灵魂，教育研究是科学研究，因而，科学精神是一切教育研究方法的灵魂。

任何方法都只是工具，工具是由人来控制和使用的。人的观念、动机、意志左右着方法的使用效果。因此，在选择和运用任何一种研究方法时，特别强调科学精神的重要性是十分必要的。

何谓科学精神？

一是真实地反映客观存在。离开了客观的真实性，也就没有任何科学性可言。为了某种主观目的，不惜违背事实、歪曲事实、弄虚作假、编造数据，这样的“研究”，从根本上是与科学精神背道而驰的，不可能得出正确的结论。

二是准确地反映客观存在。尽管研究者以严肃的态度忠实于客观事实，但如若角度和方法上存在缺失，未能准确反映客观事实，这样得出的结论同样是不正确的。例如，一个通过调查统计形成的个人收入的平均数，并不能准确地反映一个地区人们的经济状况与生活状况，因为最高收入群体与最低收入群体这两极被覆盖了，所以调查结论缺乏说服力。

三是研究结论经得起实践的检验，具有实际的操作性。任何理论，不管它讲得怎样头头是道，一旦付诸实践，便立即“卡壳”，这样的理论必然会失败。真正从实践中提炼而成的理论，一定经得起实践的检验，并证明它的现实性、可行性。研究中的科学精神的强弱，最后都是由实践来鉴定的。

二、怎样用好实验研究法

实验研究法通常有以下六个步骤：

（一）发现问题与困惑

问题即课题，微课题研究的目的是解决教育教学中存在的各种具体问题。所以，教师要搞好微课题研究，首先要能发现问题。

（二）选题与确立假设

面对诸多的实际问题，教师究竟该选哪一个问题呢？当问题成为困难时，教师需要分析问题的主要表现与原因是什么，继而查阅资料、学习借鉴他人的经验，寻求解决问题的办法。

（三）搜集资料与寻找解决方法

这是一个分析问题和研究问题的过程。针对问题，教师可从以下几个方面去寻找解决问题的方法：一是分析问题产生的原因；二是围绕研究专题，从图书和网上查阅相关材料，去借鉴别人的经验；三是直接向有经验的教师请教；四是动脑筋思考。总之，应设法找到解决问题的办法，并形成思路或计划。

（四）尝试操作

微课题研究的核心是行动，即按照研究方案的设想去尝试实践检验效果的过程。

（五）总结反思，补充修改，再尝试

人们对规律的认识往往不是一次完成的，可能都需要一个反反复复的过程。微课题研究要想获得成功，也需要经历尝试—总结—修改—再尝试—成功的过程。在这一环节中，有效地反思是至关重要的。面对转瞬即逝的问题，不仅要知晓正在发生什么，寻求可行的解决策略，更为重要的是，要深入探究导致这一现象的根源是什么。

（六）研究成果的表述

微课题实验研究成果的表达方式可以是撰写教育叙事、案例描述、课例报告、经验总结等，但最常见的表述方式还是撰写实验报告。

第五节　调查研究法

通常我们所说的“调查研究”，简称“调研”，其实是一项在工作过程中既相互区别又相互联系的两个阶段。调查是运用一定的手段和方法，有目的地搜集有关研究对象的某些事实和现象材料；研究则是对调查所获得的材料予以分析，并做理论性阐释，也就是从经验层面上升到理论层面，使人们从个别的分散事件和现象中，获得普遍的、概括的理性启迪和感悟。

调查研究法广泛应用于各行业、各部门。教育领域采用调查研究法，着重揭示矛盾，总结经验，推广先进的教育思想和教学方法，为教育行政的决策提供依据。

一、调查研究的主要步骤

调查研究的主要步骤如下：

（1）依据课题要求，确定调查对象、范围、时间以及方式。

（2）拟订详尽的、便于操作的调查计划，主要包括调查项目、调查提纲、人员分工、日程安排、经费预算、负责人名单等。

（3）印制各项调查表格、问卷、访谈记录手册。

（4）进入现场，开展调查活动。

（5）整理调查材料，进行分析研究，归纳结论。

（6）撰写调查报告，除对调查的中心问题做出明确阐释外，还要对遗留问题的解决以及未来的发展提出建设性意见。

二、调查研究法常用的形式

调查研究法常用的形式主要有三种：调查表、问卷和访谈。

（一）调查表

调查表侧重数据的搜集。只要数据真实可靠，便可从统计数字上反映出简明清晰的概貌。调查表的编制要紧贴课题研究的需要，其统计结果要能说明主要问题。数字的填写务必规范、准确、完整。特殊情况要在备注栏中加以说明。

（二）问卷

问卷是通过书面提出问题征答以搜集资料的方式。其优点是：省时、省钱、易行；由于答者无须署名，所反映的情况可信度高；由于规格划一，可作数量统计，并能显示出明确的比例。其缺点是：结果的精确度往往受制于答卷人的支持程度；有些问题的深层原因难以从卷面上反映出来。

有效问卷的回收率超过 70%时，其统计结果才能作为研究结论的依据。

（三）访谈

访谈可以弥补调查表、问卷等“见纸不见人”“有广度无深度”的缺陷，是由调查者与调查对象面对面以口头交谈形式进行的一种调查方式。

这种方式灵活机动，根据需要可以步步深入，达到调查研究的最终目的。

运用调查研究法时，为了访谈的成功，调查者要注意以下几点：

第一，做好访谈的充分准备，如拟订访谈提纲，对访谈对象的个人情况有所了解。

第二，访谈气氛越随和越好，最好像友人闲聊，千万别搞成一问一答的审讯式。

第三，要有较好的引导技巧。在一个问题上遇到困难时，要及时应变，迅速转到另一个问题上去，一定不能出现对峙与冷场的局面。

第六节　比较研究法

“比较”是人们认识客观事物的重要手段之一。俗语说：“不怕不识货，就怕货比货。”这体现了“比较”在认识上的价值。科学地说，比较就是按一定的标准，对某些有联系的事物进行考察，分析其异同，从而确定研究对象的本质特征，揭示其规律性。

近年来比较研究法在文学研究上大显身手，有专门从事比较文学研究的学者群，“比较文学”成了文学研究中的一项热门行当。在教育领域，比较研究法也是使用频率较高的一种研究方法，常与实验研究法并用。

比较研究法在运用时，要注意以下三点：

第一，用于比较的对象之间应有可比性，即均属同一范畴的事物，适用同一衡量标准，也就是具有同一性；但它们之间又各有特点，并非处处重合，也就是具有差异性。缺少了前者，就没有了“比”的可能；缺少了后者，就没有了“比”的必要。

第二，用于比较研究的资料要真实，且具有代表性和典型性，否则即使用于比较的对象有某种表面上的可比性，最后得出的结论也是不真实或不准确的。因此，在比较研究中，特别要保证各种资料的可靠性，不为表面现象所惑，坚持本质的比较，这样方可得出科学的结论来。

第三，使用多维度的比较手法。比较研究中，应将纵向比较与横向比较结合起来。纵向比较是从事物的历时性研究其发展的轨迹；横向比较是从事物的共时性研究其相互联系的状况。

比较研究法还应将质的分析（即定性分析）与量的分析（即定量分析）结合起来。质与量是矛盾的统一，没有量也就没有质；质必须通过一定的量才能显现，才能被确认。一所学校的质量评估，一次教学的成功与否，科学的鉴定，都是要通过各种项目的量化测定来完成。仅凭印象做出结论，是靠不住的。

在比较研究中，采取的方式越多，其结论的准确性越高。

第四章　教师科研素养的修炼

今天的教师，不是仅仅完成教学任务就算合格，而是还应胜任教学研究的任务，应是研究型和开拓型的教师。可以说，面对变化的现实和变化更为急剧的未来，不研究就无法从事教学，不开拓就无法继续生存。

因此，教师必须从内部与外部两个方面不断加强教育教学科研能力与素养的修炼，从根本上提升自身的专业精神和业务能力，内修外铄，固本培元，练就真本领，从而让自己不仅能够出色地完成教学任务，而且还能够完全胜任教学研究的任务，具备“教”与“研”的“双翼”。这样的教师，在专业发展的道路上就像安装了双擎的汽车，高效而低耗。

第一节　基础修炼

一、专业理论入门

理论指导实践，实践升华理论。不要以“实践出真知”为幌子，毫无根据地蛮干。高校教师虽然都具备相关专业的基础知识，但不一定具备科研工作中面对的工程项目所需的专业理论知识。高校教师应结合从事的科技工作，选择相关著作精心研读，掌握基本理论，指导科研实践。

科技专著是作者科研工作的结晶，研读相关专业的经典科技专著，是专业理论入门的捷径。

研读科技专著要学有所得，学以致用。一个不读科技专著的教师不可能成为真正的科技人才，一个不读科技专著的科研团队，是不可想象的！

在基础修炼阶段，不少教师面对浩如烟海的科技专著，不知所措，东看西看，收效甚微。实际上，“读破万卷书”往往比“读书破万卷”更重要，教师应针对承担的课题有选择地研读一本经典著作，学习相关专业的基础知识，丰富自己的知识体系。

（一）汇书-选书

读书，先要选书。选书，先要汇书。汇书，就是汇集相关专业的科技专著。

一旦确定了自己的专业方向，教师可从网上搜索，编写相关专业的专著汇总表，作为备用资料。通常可按系统类、专题类和基础类汇集专著，分别列出书名、作者、出版社、出版年等信息。

对于汇集的书目，要分阶段选择重要专著研读。也就是说，教师在不同的修炼阶段，应选择合适的科技专著作为研读对象。如何从专著汇总表中选择一本专著作为研读对象呢？在基础修炼阶段，可以请专家指点，选择专业适用型专著。也可以自己粗读优选，选择个人实用型专著。如果对专业情况不太熟悉，还是应该征求一下专家意见。

有些教师承担的研究课题并不大，却选择了大部头的专著，书中只寥寥几页与课题有关，这就像是治小毛病却搬来了一个大药房，无济于事。有些教师参照同类课题的技术资料，依样画葫芦，这就像是头痛医头、脚痛医脚，急于求成。选择阅读专著，要对症下药，既有助于提高自己的专业理论水平，又有助于指导课题研究，这是虚实兼顾、标本兼治。

（二）阅读-研究

科研能力的锻造，主要途径是有计划地阅读有关的理论书籍，从而提高理论修养。理论书籍能提供理论知识，扩大读者的知识范畴，还能在不断阅读中训练读者的逻辑思维能力，使其熟悉科学研究的规范的工作方法，以及语言表达形式。

理论书籍的阅读是一项艰苦的脑力劳动，它不像读文艺书籍那样，有生动的情节、优美的语言，处处给人以美的享受，使人读起来手不释卷、废寝忘食；理论书籍是抽象说理，书内充满着概念、判断、推理，理论书籍的阅读完全是一种自觉自律的理性行为。对于那些内容艰深的理论著作，需要硬着头皮去啃，就像恩格斯所说的“啃酸果”，即使这样，书中还是可能出现许多横在面前无法逾越的障碍。每当这时，有些读者就知难而退了。有志于从事科学研究的人，则应坚持，再坚持。恩格斯曾把阅读理论比作越过沼泽地。初看，汪洋一片，无从下脚，举步维艰，但慢慢就会发现其有几个“支撑点”，沿着这些“支撑点”，便能通过沼泽地，到达彼岸。此时，再回顾走过的路，往往就一目了然了。读一本书，一定会有不少疑难之处，但更多的是已经掌握了的知识（也就是恩格斯所说的“支撑点”），总是可以读下去的。不是有这样的情形吗？读到后面，前面原先的难关自然而然地迎刃而解了。有时，读这本书解决不了的问题，在读另一本书时却解决了。

总之，读理论书籍一定要有毅力和耐心。不是为了消遣去读，而是为了需要去读。

我们确实是为了解惑求知而去读理论书籍，经常能体验到一种与智者对话的乐趣。当一种新的观点或理论出现时，会使人感觉到眼前突然一亮；长久的困惑一旦得到解决，我们便像走出了漫长的黑暗隧道，一切都豁然开朗了。诸如此类的境界，同样使人兴奋不已，更不用说，有的理论著作，处处闪耀着智慧之美，读这样的理论书籍时的愉悦感，并不亚于读文艺书籍。

选定必读专著之后，应制订相应的阅读计划。阅读通常分两个阶段：泛读阶段和研读阶段。

泛读的目的是了解专著的纲目和基本内容，确定需要研读的重点章节。

研读是对重点章节进行理解、探究与提炼。理解是指掌握基本原理、弄清物理概念。探究是指推导重要公式、验证关键数据。提炼是指精炼技术要点、发掘探索方向。理解要深刻，探究要到位，提炼要精辟。

必须注意：泛读和研读是两种完全不同的读书方式。泛读就是泛泛而读，可以不求甚解。研读就是“读书＋研究”。泛读可以一目十行，研读必须逐字逐句地探讨。研读是长知识、长学问的过程，马虎不得。不少教师研读科技专著的速度，比阅读武侠小说还要快。读了武侠小说，尚能复述个八九不离十，读了科技专著，却知其然不知其所以然，什么也说不上来。这样阅读科技专著是无效的。

（三）归纳-总结

归纳-总结是研读科技专著的最终环节。在研读科技专著的过程中，往往感到书本越看越厚，问题越看越多。到了总结阶段，应提炼研读内容的精华，提纲挈领，简明扼要，书本越总结越薄，内容越总结越精练。研读科技专著要追求人书合一的境界。

有三种归纳总结方法：纲目式总结法、专题式总结法和探索式总结法。

1.纲目式总结法

按专著的目录顺序，归纳整理技术要点。这是多数教师在基础修炼阶段采用的学习方法。

2.专题式总结法

以关键技术为对象，归纳整理相关技术要点。这是具有一定专业基础的教师采用的学习方法。

3.探索式总结法

以潜在问题为对象，归纳整理需要探索创新的技术要点。这是具有一定治学能力的教师的学习方法。没有千篇一律的归纳总结方式。不同层次的教师，有不同形式的归纳总结方法。在阅读专著的基础上，如果能形成突破专著技术框架的相关技术专题报告，就是学有所得，学有所成。

（四）关注科学情报

除了系统地阅读有关理论书籍外，还要时时留意“科学情报”。“情报”不像理论著作，是大部分的、体系化的。“情报”总是从一个侧面、一个局部，甚至一个点提供某一项知识，但它的重要性却不可低估。

情报是一种特别的精神财富，是一种特别的知识。它要针对某一问题，有及时性、针对性的需要。情报的重要性不仅在于它激活了知识，还在于它激活了人的思维，给人一种科学的“顿悟”。所以，它是从事科学研究的人不可忽视的一项宝贵的知识资源。

二、专业技术入门

专业技术入门有两个可行途径：一是在实践中学习，掌握专业技术；二是研读典型样机，从科研成果中学习专业技术。典型样机是前人工程实践的结晶。研读相关专业的典型样机，是专业技术入门的捷径。

（一）了解专业体系

不少单位在长期的科研过程中，形成了成熟的技术体系。技术体系可用技术体系表或项目配套表表示。

技术体系表表示某一专业的技术体系，由系统技术、分系统技术和专题技术组成。技术体系表实际上就是一棵技术体系树，包括树干、树枝、树叶，层层叠叠。

项目配套表表示某个工程项目的硬件配置关系，通常由系统、分系统、组合与部件组成。

基础修炼阶段的教师，往往不具备编制技术体系表的能力，可以针对承担课题，编制相应的项目配套表。编制项目配套表，可以提高教师的全局观。

顺便指出，技术体系表的内容，随着专业技术的发展，可以不断拓展。项目配套表的内容是由项目的硬件配置决定的，不能随意扩展。

（二）选择典型样机

青年教师的科研工作，往往是从依样画葫芦开始的。选择一个好葫芦做样子，可以画出更好的葫芦。好葫芦就是典型样机。

具有科研底蕴的单位，往往具备丰富的科研成果。教师可以从归档资料中，选择合适的样机资料进行研读。样机有大有小，怎么选择呢？如果承担的研制项目属于某系统的一个部件，应该选择比承担部件稍大一些的组合样机作为研读对象。如果有足够的能力与精力，可以选择范围更广的分系统样机，甚至可以拓展到系统样机的全部资料。

研读典型样机是个人的自主行为，不必由领导安排，也无须导师指导。不少新入职的年轻教师等待着被培训、被指导，这是一种被动的态度，与自我训练的宗旨背道而驰。

如果从事的课题没有典型样机可以借鉴，则应该广泛收集国内外资料，构建虚拟样机，进行深入研究。

（三）研读典型样机

研读典型样机，是为了在某个专业技术领域初步形成感性知识。

有两种研读典型样机的基本方法：顺向研读和逆向研读。顺向研读是按照科研流程，先后研读方案论证、设计报告、试验大纲、研制总结等相关资料。逆向研读是针对样机，进行反设计、反演方案论证和设计报告。在基础修炼阶段，针对客观存在的典型样机，宜作顺向研读。

研读典型样机涉及三个方面：一要理解工作体制，包括系统体制与分系统体制；二要分析工作原理，包括物理概念与数学模型；三要总结工程技术，包括电气、结构和工艺技术。

三、科研方法入门

什么是科研方法？很难用一两句话描述清楚。科研方法涉及策划、运作、检查和评估四个方面，科研过程可以采用经典的管理模式——PDCA。

编制一个 PDCA 流程，是科研方法入门的捷径。

教师不仅要了解 PDCA 概念，学习 PDCA 方法，更要学会应用 PDCA 循环。

PDCA 是伴随科技人生的基本科研方法。

（一）了解 PDCA 概念

质量管理的发展有三个主要阶段：最初，是检验质量管理；随后，是统计质量管理；如今，是全面质量管理。质量管理的内容十分广泛，实施 PDCA 是确保科研质量的重要措施。

PDCA 是以美国质量统计控制之父休哈特的 PDS（Plan Do See）为基础，由美国质量管理专家戴明（W. Edwards. Deming）提倡的一种质量管理模式。

PDCA 是一种科学管理方法，它不仅在质量管理体系中得到了广泛的应用，也适用于一切循序渐进的管理工作。

P、D、C、A 是过程管理的四个阶段。

第一阶段为 P 阶段，P 是 plan 的首字母，意为策划。策划就是根据顾客的要求和组织的方针，为提供的结果建立必要目标的过程。策划质量取决于策划者的逻辑思维能力，只有当策划思维符合事物的事理逻辑时，才能获得最佳的策划效果。万事始于策划，策划很大程度上决定了行事的成败。有人认为成也策划，败也策划，很有道理。策划的目标是提出一项可执行、可检查的措施。

策划要包含六个方面的内容：一是为什么做这个策划（why）；二是达到什么目标（what）；三是什么时候实施（when）；四是在何处实施（where）；五是由谁来实施（who）；六是如何实施（how）。这些内容可简称为“5W1H”，是策划阶段必须明确的问题。

第二阶段为 D 阶段，D 是 do 的首字母，意为实施。实施过程的管理是科研管理的重点，是绩效管理的基础。实施过程应分成若干分阶段，每个分阶段都有相应的时间节点和考核内容。没有时间节点和考核内容的实施过程，往往是不受控的，研制质量也难以保证。

第三阶段为C阶段，C是check的首字母，意为检查。检查就是根据方针、目标和产品要求，对过程和产品进行监视和测量，并报告结果。检查是质量控制的重要环节。任何工作过程，如果脱离了监视和测量，就没有质量可言。

第四阶段为A阶段，A是action的首字母，意为处置。处置就是采取措施，以持续改进过程业绩。显然，根据检查结果和改进目标，提出切实有效的新一轮PDCA管理流程，是处置阶段的重要工作内容。

（二）学习PDCA方法

教师在科研过程中，对每个科研程序都要运用PDCA循环，确保科研质量。

科研生产过程的各个阶段组成了过程链，链条中的每个阶段又可以派生出多个子程序，子程序的数量由阶段的复杂性决定。必须以PDCA方式运行当前阶段中的每个子程序，阶段任务达标后，方可进入后续程序。图4-1是PDCA的运行示意图。图中，Ⅰ、Ⅱ、Ⅲ、Ⅳ、Ⅴ、Ⅵ为阶段中的子程序代号。

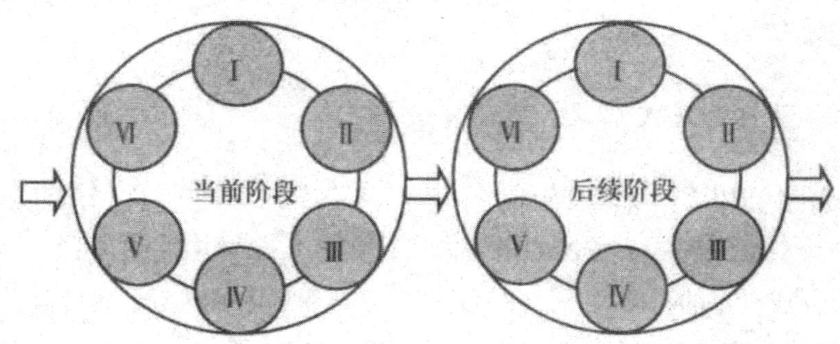

图4-1　PDCA运行示意图

科技人员教师应该在科研实践中体会PDCA方法的真谛。必须使PDCA控制循环符合工作对象的事理逻辑，顺理成章地实施控制，这样才能获得最大的管理效果。与工作对象的事理逻辑不匹配的PDCA循环，轻则起不到控制工作质量的作用，重则导致工作重点的偏差，实施此类PDCA循环，没有什么实际意义。

例如方案论证工作的PDCA循环。在科研过程的方案论证阶段，可以派生如图4-2所示的五个子程序：调查研究、方案设想、风险验证、论证报告、方案评审。

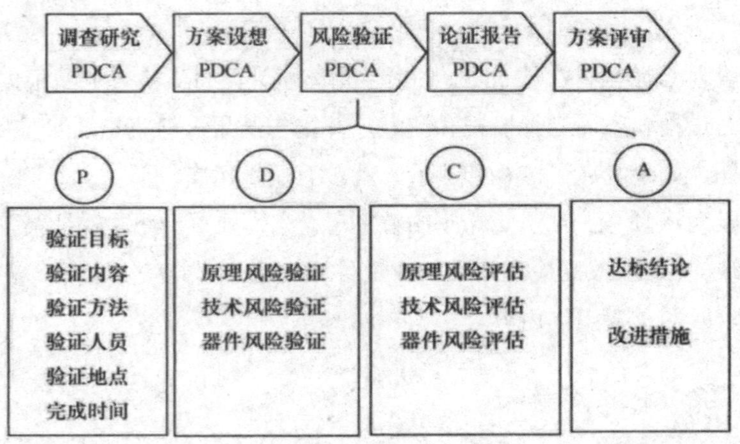

图 4-2　方案论证工作的 PDCA 循环

每个子程序都应实施 PDCA 循环，图 4-2 中列出了风险验证子程序的 PDCA 循环内容，其他子程序也应列出相应的 PDCA 循环的内容。这些子程序是滚动式运行的，滚动是循序渐进的，有时还需要循环往复。当方案评审子程序认为需要做改进循环时，必须重新运作相关子程序，直至方案评审子程序认为无需作改进循环时，方可进入后续阶段的研制工作。

（三）应用 PDCA 循环

PDCA 循环适用于一切过程管理。科研生产和管理工作中，大家都有总结教训、改进工作的经历，却没有从 PDCA 的角度去认识它。

教师应养成良好的科研习惯。任何科研工作，先要做好策划，然后再去实施。实施之后，必须进行检查，再作处置。不论什么样的科研任务，都应一视同仁，认真实施 PDCA 循环，不应简而弃之，不应难而避之。再简单的工作，也隐含着难点。再困难的工作，也必有其事理。要针对难点、顺着事理，落实 PDCA 循环，才能确保科研工作有条不紊地开展。

四、科技写作入门

科技写作涉及科技图书、科技论文、科研文件、技术标准等科技文献的编写工作。撰写并发表一篇科技论文，是科技写作入门的捷径。

被杂志、论文集录用的科技论文，或作为归档资料的专题科技报告，都是有效科技论文。尽管一般科研文件，如方案论证报告、设计报告、研制总结等不能作为科技论文，但在基础修炼阶段，青年教师也可以通过编写科研文件提高科技写作能力。

科技文献是论述科学技术的文章，凡文章都是字符的结合体。《文心雕龙·章句》中写道，“夫人之立言，因字而生句，积句而成章，积章而成篇。”也就是说，写文章就是“字→词→句→句群→段→章→文章”的汇总过程。科技文献，无非是在文章的段落中插入了相关学科的公式、图片和表格而已。

科技写作的基本准则是“纲举目张，简明扼要，循规蹈矩”，简称“十二字口诀”。纲举目张是科技写作的核心，反映科学性。简明扼要是科技写作的要求，反映文学性。循规蹈矩是科技写作的规则，反映规范性。能够掌握并熟练运用“十二字口诀”者，就是科技写作高手。

（一）纲举目张

科技写作必须纲举目张，对于理论研究型或试验验证型科技文献而言，必须以创新内容为纲。科技文献的创新性是指文献内容应反映新成果、新见解或新进展。标新立异是科技文献的灵魂。

所谓以创新内容为纲，就是将创新点渗透到文献的每个角落：题名应以创新内容命题；摘要应摘创新内容之要；关键词应包含创新内容的术语；引言应阐述创新内容的写作思路；正文应以最大篇幅阐述创新内容；结论应客观公正地评估创新内容。有人认为创新内容难写。其实不是创新内容难写，而是没有创新内容可写。有了创新内容，科技文献就会水到渠成。

举一“纲”而万目张。在科技文献的正文中，必须分层次、有条理地阐述创新内容。条目清晰是科技文献的重要特征。纲不清、目不明的科技文献将失去科学性与可读性。

不同的科技文献纲目也各不相同，应根据各种科技文献的特点，确定相应的纲目。比如，科研项目的立题报告应以“必要性、合理性、可行性”为纲。一个必要、合理、可行的项目，领导才能支持，专家才能赞同，用户才肯投资，立项也就顺理成章了。

立题报告纲目的编排如表 4-1 所示。

表 4-1　立题报告的纲目

纲	目
必要性	1.课题来源与任务要求
	2.技术动态与发展趋势
	3.研究目标与研究意义
合理性	4.工作内容与技术途径
	5.研究方案与技术指标
可行性	6.关键技术与解决途径
	7.现有条件与保障措施
	8.研制进度与经费预估

立题报告尽管没有按“必要性”“合理性”和“可行性”分篇，但各部分内容隐含了这些要求。

（二）简明扼要

清人刘大櫆《论文偶记》写道，“凡文，笔老则简，意真则简，辞切则简，理当则简，味淡则简，气蕴则简，品贵则简，神远而含藏不尽则简，故简为文章尽境。”简约是行文之道，要惜墨如金，不能内容浅薄、空话连篇。

科技论文必须简明扼要，“扼要”就是扼创新内容之要。简明扼要不仅反映作者的逻辑思维和归纳总结能力，也反映作者的文字功底。有些教师，修炼了一辈子，写文章还是拖泥带水，不明不白。怎么才能简明扼要？至少要在八个方面下功夫：突出重点、原理清晰、模型简洁、公式明了、数据准确、图表自明、结论明确、表述规范。

科技论文的开篇不应东拉西扯一大堆内容还未触及正题。要开门见山，直入主题。

科技论文的正文不应废话连篇，“绣花枕头一包草”。要剪除枯枝烂叶，留下几片绿叶映衬红花，红花就是创新点。

科技论文的结论不应自我吹嘘，无限拔高。要脚踏实地，客观、公正、如实地评估文稿的价值。

要获得一篇简明扼要的科技论文，必须反复修改，删繁就简，精益求精。一篇文稿，修改三四遍，只是改错，修改七八遍，才能求精。铁杵磨成针，功到自然成！

例如：科技论文写作的 PDCA 控制。

科技论文的写作过程可以分成两个 PDCA 循环：准备阶段的 PDCA 循环和行文阶段的 PDCA 循环，如图 4-3 所示。

准备阶段的 PDCA 循环也就是确认科技论文创新点的控制模式。策划就是选定题材，确定创新点；实施就是编写关于创新点的短文；检查就是审定短文中的创新点是否有效；处置就是根据检查结果确定下一步的工作内容，若短文不具备创新性则应重新选题，若短文具备创新性则进入行文阶段。

行文阶段的 PDCA 循环也就是确保科技论文条理性的控制模式。策划就是围绕创新点编写详细提纲；实施就是撰写并修改文稿；检查就是审核文稿的条理性；处置就是决定文稿的下一步走向，若文稿不具条理性则继续修改，若文稿具备条理性则可以参与学术交流或投稿发表。

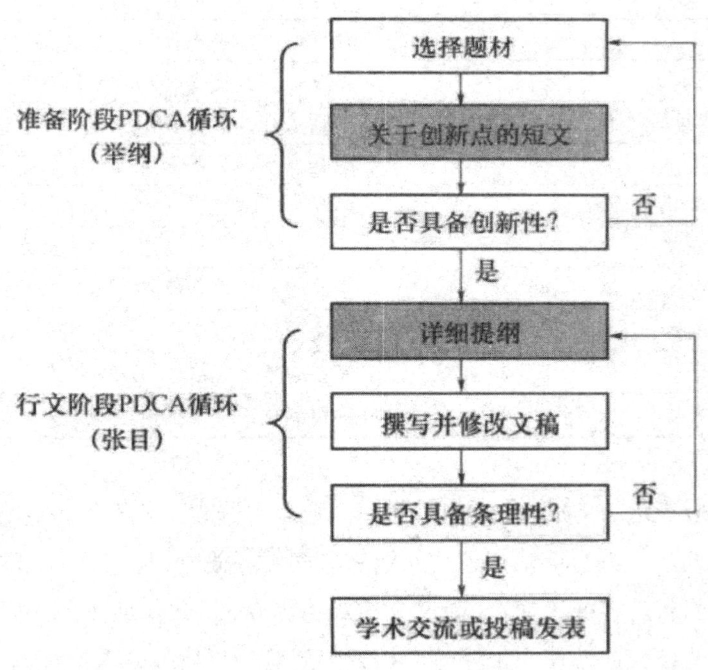

图 4-3　科技论文纲目的 PDCA 控制

采用 PDCA 循环控制科技论文的写作过程，可以提高论文的编写质量。年轻教师不妨尝试一下这种方法。对于写作高手，往往胸有成竹、挥洒自如，无须在形式上实施 PDCA 过程。

（三）循规蹈矩

科技写作必须循规蹈矩，遵循科技写作通用规则。

科技写作的通用规则包括8种字符规则、5种要素规则、9种结构规则，简称“859规则”。8种字符，是指汉字、字母、数字、量符号、单位符号、数学符号、标点符号、图形符号。5种要素，是指词句、章节、公式、插图、表格。9种结构单元，是指题名、署名、摘要、关键词、引言、正文、结论、附录、参考文献。详细内容可参阅专著《科技论文写作规则与行文技巧》（第2版）。

必须合理评估科技写作的质量。科技论文的质量特征由10类30项表达，如表4-2所示。

表4-2　科技论文的质量特征

分类	项目
题名	题文相扣，突出重点，简短精练
摘要	全息短文，突出重点，有客观性
关键词	有代表性，有通用性，有序贯性
引言	有针对性，有逻辑性，只作叙述
正文（章节）	编排合理，突出创新，行文流畅
正文（公式）	式文呼应，符合规范，准确无误
正文（插图）	图文呼应，符合规范，有自明性
正文（表格）	表文呼应，符合规范，有自明性
结论	完整合理，简洁准确，客观公平
参考文献	标引到位，著录正确，确有价值

科技论文应满足30项要求，若不达标，则必须修改。对于优秀论文而言，更应突出创新内容的表述，将它反映在论文的题名、摘要、关键词、引言、正文和结论中。

凡是没有创新内容的论文，不论其文采如何出众，格式如何规范，也不是优秀论文。具有创新内容的论文，即使文采较差、格式欠规范，仍可以修改成优秀论文。

五、建库立业入门

经典著作毕竟是他人的智库，典型样机也是人家的成果，怎么变成自己的知识呢？只有把经典著作和典型样机的内容简明扼要地归纳整理到自己的专业知识库中，才算学有所得，使用起来才会得心应手。

作为教师，不构建自己的专业知识库，不足以立业。构建知识库，是教师立业的捷径。

教师要花毕生精力经营专业知识库。在基础修炼阶段，大家要树立建库立业的观念，建立专业知识库的框架，制订经营知识库的计划，为建立专业知识库奠定基础。

（一）建立专业知识库框架

建库，就是把专业理论与科研实践纳入自己的专业知识库。立业，就是用知识库支持教师的科研工作。

专业知识库的建立需要日积月累。千里之行，始于足下，只要坚持不懈地建立专业知识库，立业也就指日可待。图 4-4 是建库立业示意图。

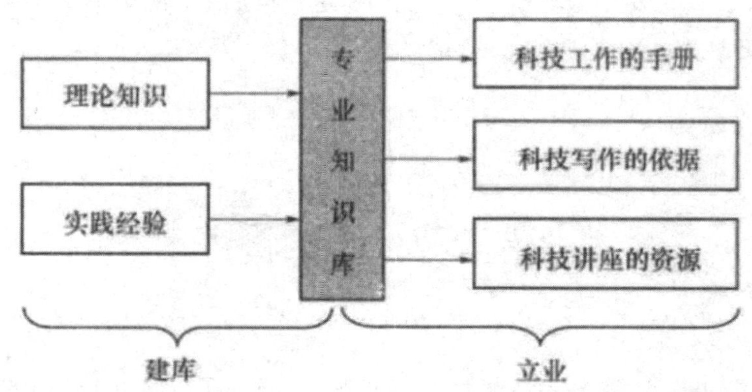

图 4-4　建库立业示意图

根据相关专业经典专著的目录，可以总结出该专业的篇、章、节、条详细纲目。把篇、章、节、条视作一级分库、二级分库、三级分库等，就构成了知识库的框架。

（二）制订经营知识库计划

建立知识库的框架，只是“万里长征”的第一步，后续工作还包括填库、盘库、补库和理库。

填库就是进货，是积累专业知识的过程。填库，不是简单地复制粘贴，应将需要库存的内容条理化、简明化，使其便于记忆和应用。

盘库就是盘点，以适当的周期，对库存内容进行核查，掌握知识库的存储情况。看看哪些分库还缺货，并制订相应的补缺计划。

补库就是补缺，充实那些缺货的分库。无论是填库还是补库，必须选择合适的理论或实践知识，不得滥竽充数。

理库就是整理、完善知识库。知识库必须反复整理，使库存内容简明扼要、精练有序。必要时，可以打印成册，作为自备技术手册。

教师必须以毕生精力经营个人知识库。随着时间的推移，库存内容将从片面到全面，从局部到系统，从浅显到深刻，使建库者实现对专业知识的认知飞跃。

顺便指出，知识库可以存储于电脑中，但核心内容必须记忆在脑海里。千万不要把电脑作为人脑的外存设备，存放全部信息。

必须注意：一定要对书本知识和实践知识进行再加工，使知识库具有自己的知识产权。千万不要抄来抄去，无意间成为剽窃者。

第二节　在岗修炼

走上岗位的教师，不一定能够胜任科研工作，必须在该岗位上进行素质修炼，不断提高岗位技能。

人才资源是第一资源，在岗修炼是培养科技人才的重要措施。

在岗修炼将科研实践与素质修炼融为一体，寓修炼于科研，以科研带修炼，以修炼促科研。当素质修炼成为广大教师的迫切需求时，单位就会呈现良好的学术氛围。

在岗修炼，主要是“五会修炼”——会策划、会实施、会分析、会编审、会演讲。

一、会策划

会策划，就是在理顺科技工作的事理逻辑的基础上提出应对策略。任何事情都始于策划，策划好坏不仅会影响科技工作进度，还会影响科技工作质量。

不同类型的科研项目，可以编制不同形式的策划文件，如策划报告、工作流程、实施计划等。这些策划文件可以单独存在，也可以包含在其他科技文件之中。

会策划，并不容易。一要熟悉科技工作的事理逻辑；二要掌握科技策划的基本方法；三要注重科技策划的质量保证。

（一）科技工作的事理逻辑

科技工作程序必须符合事理逻辑。如果违背事理逻辑，就办不好事情。

任何科技工作，不论是科学研究、科技写作，还是科技汇报，都有内在的事理逻辑。科学研究的基本事理逻辑是“论证→设计→制造→试验”，能够按照这个事理逻辑做好科技工作的教师，就是一位干才。科技写作的事理逻辑是“命题→立意→布局→谋篇”，能够按照这个事理逻辑写好科技文献的教师，就是一位人才。科技汇报的事理逻辑是“原稿→讲稿→PPT→演说”，能够按照这个事理逻辑做好科技演讲的教师，就具备了口才。能够按照科学研究、科技写作、科技汇报的事理逻辑做好工作的教师，是全能型科技人才。

（二）科技策划的基本方法

如前所述，策划是 PDCA 循环的第一步，是至关重要的一步。策划报告应该涉及六个问题，即“5W1H”，这是科技策划的基本内容。

科技策划的基本方法为：以科研目标或任务要求为策划依据，以工作对象的事理逻辑为策划思路，编制可检查、可控制的工作程序。

显然，如果脱离科研目标或任务要求，不符合工作对象的事理逻辑，盲目地编制不可检查、不可控制的策划报告，就是无效策划。

对于不同的工作对象，编制策划报告的方法也不同。教师往往面对两种不同类型的策划工作：一种是为其他教师编写的任务型策划报告；另一种是为自己编写的工作型策划报告。对于任务型策划报告，教师应全面阐述“5W1H”的内容。对于工作型策划报告，教师应重点阐述工作目标和如何实施两大问题。

（三）科技策划的质量保证

科技策划要讲究质量，逻辑性、完整性和可行性是策划质量的三个重要标志。

科技策划的逻辑性是指策划形成的工作步骤与事理逻辑的匹配性。工作对象的事理逻辑是客观存在的，当策划的工作程序与之匹配时，科技工作就会有条不紊地开展，反之就会寸步难行。

科技策划的完整性是指策划报告应具备“5W1H”要素，具有可操作性。在六个要素中，一旦落实了科技工作的实施人员、实施地点和完成时间之后，关键的策划内容就是确定实施方法，确保满足任务目标的要求。

科技策划的可行性是指策划形成的科技工作程序的可检查、可评估、可控制程度。教师必须确保科技工作的任何一个程序都可以检查、评估和控制。在科技工作的实施过程中，只要有一个工作环节不可检查、评估和控制，整个策划报告就没有可行性。

多数教师认为，科技策划是上级设计师或管理机构的工作内容。这种观点是错误的。任何科技工作都是一个可控的工作过程，都可以采用 PDCA 循环实施控制。只要实施 PDCA 循环，策划工作就必不可少。

二、会实施

实践的重要性是不言而喻的。两千多年前，荀子说过：“不闻不若闻之，闻之不若见之，见之不若知之，知之不若行之。”就是说：不听，不如听一下；听了，不如看一下；看了，不如理解它；理解了，不如实践一下。

对于教师，会实施就是善于论证、善于设计、善于试验。不过，要达到善于论证、善于设计、善于试验的水平并不容易。

（一）教师要善于论证

论证的重点在于证，也就是要阐述清楚证明了什么。有些报告只定性论述工作原理，不做仿真验证；有些报告只定性论述关键技术，不做试验验证；还有些报告只定性论述关键部件，不做试样验证。这些报告并不能证明什么，因此不能称为方案论证报告。

方案论证报告应达到的基本要求如下。

（1）先进性——广选方案，择优录用，确保方案先进性。

（2）严谨性——原理清晰，分析到位，确保技术可信度。

（3）合理性——满足要求，留有余量，确保产品达标率。

（4）有效性——关键明确，验证充分，确保低风险研制。

（5）可行性——立足国内，外协可控，确保研制自主性。

（6）规范性——遵循规范，从严校审，降低方案差错率。

方案论证必须注重质量分析和风险分析。质量分析涉及可靠性、维修性、测试性、安全性、保障性，以及环境（温度环境、热学环境、力学环境、生物学环境和电磁环境）适应性分析。风险分析是方案论证报告的不可或缺的内容，教师不仅要选择低风险方案，还应验证高风险关键技术。低风险方案不等于低水平方案，低风险技术不等于落后技术，风险控制的目的是确保先进方案和先进技术的可行性。

（二）教师要善于设计

设计的重要性是不言而喻的，可以用五句话概括：设计是方案的细化；设计是原理的体现；设计是技术的量化；设计是制作的依据；设计是质量的保证。

提高设计质量是降低研制风险的重要环节。教师必须以严谨的态度，实现低风险的最优设计。设计的重点在于计，要阐述清楚计算了什么，计算出什么结果。有些设计报告只给出框图，不进行仿真计算；有些设计报告只给出电路，不进行元件计算；还有些设计报告只给出数据，不进行数值分析。这些设计报告，既不计算什么，也没有计算结果，其实并不是真正意义上的设计报告。

这里介绍三种设计理念：零差错设计、“二全”设计和“十最”设计。

零差错设计是研制零缺陷产品的必要条件，设计的差错将导致产品的先天缺陷。教师应具有零差错设计意识，零差错是质量观念的体现，是设计水平的反映，也是最优设计的基础。在现代质量管理体系中，绝对不允许出现设计差错。就设计质量而言，零差错设计只不过是低层次的要求，最优设计才是教师应当追求的最高目标。规范化设计、规范化校对和规范化审批是实现零差错设计的重要保证。不论简单还是复杂的设计工作，教师都应一丝不苟、认真对待，不因简而轻之，不因难而避之。

“二全”设计包括全参数设计和全元件设计，其目的是最大限度地提高设计质量。例如，对一个中频放大器而言，全参数设计涉及工作频率、频带宽度、放大倍数、动态范围、输入阻抗、输出阻抗、功率损耗等参数的分析与计算。全元件设计是对电路中的每一个元件进行分析与计算，如标称值、容差、耐压、额定功率、环境适应性等。“二全”设计方法不仅适用于电气设计，也适用于结构设计。

“十最”设计即实现最简方案、最简结构、最简电路、最少元件、最少连线、最小体积、最轻重量、最小功耗、最易调试和最易维修。“十最”设计的目的是最大限度地提高系统的潜在可靠性。

零差错设计、“二全”设计和“十最”设计的水平取决于教师的技术素质。不具备相关专业的理论基础和实践经验，是难以确保设计质量的。一些年轻教师盲目抄袭他人成果，是无法提升自己的设计素质的。

（三）教师要善于试验

科学试验是根据一定目的，运用一定的仪表、设备等物质手段，在人工控制情况下，观察、研究自然现象及其规律的社会实践形式。

试验的重点在于验，应阐述清楚验证了什么。有些教师只测试技术参数，不进行误差分析；有些教师只测试系统参数，不进行概率统计；还有些教师对大型外场试验，不进行严谨策划。这些试验的质量都难以得到保证。

试验工作涉及试验策划、试验实施、试验分析等方面，教师一定要重视试验策划，对于一些费钱费时的大型试验，更要一丝不苟地做好策划工作。

三、会分析

分析就是分而析之，是一种思维过程与方法。会分析就是会进行理性探究。分析工作的涉及面很广，本部分主要讨论科研项目的初期、中期和后期的分析工作。

（一）科研项目的初期分析工作

在 PDCA 循环中，科研项目的初期分析属于 P 阶段的相关分析。

为某一项目编写立项论证报告，或接受某个科研项目的研制任务时，教师应该对科研项目进行初期分析。

初期分析包括国内外技术动态分析、技术指标合理性分析、研制风险分析等内容。

分析国内外技术动态，是为了赶超国内外先进水平。

技术指标合理性分析是编写开题报告，或接受某任务的技术要求的先期工作。教师不能提出既不合理又不现实的技术要求，也不能接受既不合理又不现实的任务要求。

在确认科研项目的先进性和技术指标的合理性的基础上，教师要仔细分析项目的研制风险。研制风险往往表现为达标风险和进度风险。原理类风险、技术类风险、器件类风险都会导致达标风险和进度风险。原理类风险应进行仿真验证，技术类风险应进行演示验证，器件类风险应进行试样验证。通过分析、验证，尽可能把达标风险和进度风险降到最低限度。

如果以研制产品为目标，那么还应对产品质量进行前期分析，给出产品的可靠性、维修性、测试性、安全性、保障性和环境适应性等预期指标。

（二）科研项目的中期分析工作

在 PDCA 循环中，科研项目的中期分析属于 D 阶段的相关分析。

大许多人对科研项目的初期分析的重要性并无异议，但是对科研项目的中期分析却不以为然。事实上，在科研过程中，一个复杂科研项目往往会暴露许多技术问题，有待教师去探讨、去解决。仅仅依靠初期分析来解决一切技术问题的想法是不现实的，也是十分幼稚的。

教师必须面对论证、设计、调试、试验过程中出现的各种各样的问题，并进行深入细致的分析。

在科研过程中暴露的问题，多数是可以分析的科学技术问题，教师从中可以获得一些新认识、新方法乃至新技术。抓住这些关键技术深入研究，就会得到有益的收获，就能编写一些充满新意的科技论文。

科研项目的中期分析工作是实践升华理论、积累实践经验的重要途径，教师一定要对此予以充分重视。

（三）科研项目的后期分析工作

在 PDCA 循环中，科研项目的后期分析属于 C 阶段和 A 阶段的相关分析。

后期分析的主要内容是达标分析。达标分析是为结题和评审做准备的。有些重要课题，还需要组织专家测试小组对项目的达标情况做测试评估。

遗憾的是，一些表示达标情况的技术文件也存在部分不合理表述，如技术功能术语化、技术参数无公差、关键参数无统计分析、系列数据有效位不一致、量值表达不规范等。有些申报高等级科研成果的测试报告，也错误百出。因此，教师要充分重视科研项目的后期分析工作，尽可能避免上述问题的出现。

四、会编审

科技文件的编审，是指研究试验文件或文字内容设计文件的编写和校审工作。

会编审，就是会编写和校审科技文件。本部分主要讨论科技文件的校审技术。教师应掌握校审准则、熟悉校审流程、掌控校审质量。

（一）科技文件的校审准则

科技文件的校审准则是确保文件的科学性、文学性和规范性。为了提升教师的校审能力，应在专业、文法、规则三个方面加强磨砺。

第一，教师要懂专业。只有具备了足够的专业知识的教师，才能实施校对和审核。隔行如隔山，教师如果不熟悉被审科技文件的专业技术，就无法进行校对和审核工作。

第二，教师要懂文法。年轻教师撰写的科技文件中往往会出现词法错误、句法错误、文理错误，这导致校对、审核任务艰巨。教师，尤其是理工科专业的教师，必须补一补文法知识，自学一些大学文科类教材，多阅读诸如《咬文嚼字》《秘书工作》之类的刊物，多翻一翻《辞海》的相关条目，不断提高自身的文字能力。

第三，教师要懂规则。教师要掌握科技写作的通用规则与专用规范，特别要熟悉通用规则。教师必须重视科技文件章节编排的校对和审核工作。章节编排不仅仅是一种格式，更是作者逻辑思维和归纳总结能力的体现。编排混乱，是作者思路混乱的反映。教师应不断提高行文布局能力，以便在校审时理顺文稿。

不懂专业、不懂文法、不懂规则的教师，难以确保科技文件的科学性、文学性和规范性。

（二）科技文件的校审流程

以航天系统为例，科技文件最多可设七级签署，包括编写、校对、审核、工艺、会签、标审、批准。在校审过程中，应逐级反馈，层层推进，直至达到要求。

各级签署者的技术责任如下：编写者对科技文件的技术质量和编写质量负责；校对者校核科技文件的技术内容、技术参数和编写规范性；审核者复核科技文件的技术内容、技术参数和编写规范性；工艺审核者确认科技文件中与结构工艺性和加工可行性有关的内容；会签者确认科技文件中与会签方有关的内容；标审者审查科技文件的完整性和规范性；批准者确认科技文件的正确性、合理性、完整性和规范性。

科技文件校审过程中，错位审批和走过场等不良倾向常常出现。错位审批是指主管师审主任师的文稿、设计师审主管师的文稿等现象，这会使科技文件的技术性和规范性得不到保证。走过场是指不校即签、不审即签、凡批都准等现象。这些不良倾向都需要克服。这里，需要强调一下校对的作用。航天系统的相关标准明文规定：校对人员同编写人负有相同的责任，而且当编写人不在场时，校对人员对文件具有解释权。

五、会演讲

会演讲，就是能进行口头交流。科技交流，不仅要编写讲稿，编制 PPT，还要注意演讲技巧。不下功夫，是做不好演讲的。科技演讲有四种基本类型：一是汇报型，这是一种面对上级的仰视式讲解，注意不要唯唯诺诺；二是交流型，这是一种面对同行的平视式讲解，注意不要强加于人；三是授课型，这是一种面对学生的俯视式讲解，注意不要盛气凌人；四是科普型，这是一种面对外行的启蒙式讲解，注意不要低级庸俗。同一文稿，如果需要做不同类型的演讲，则应准备不同形式的讲稿和 PPT。演讲前，要弄清楚给谁讲，用什么方式讲。

图 4-5 表示原稿、讲解人、讲稿、PPT 与听众的关系。

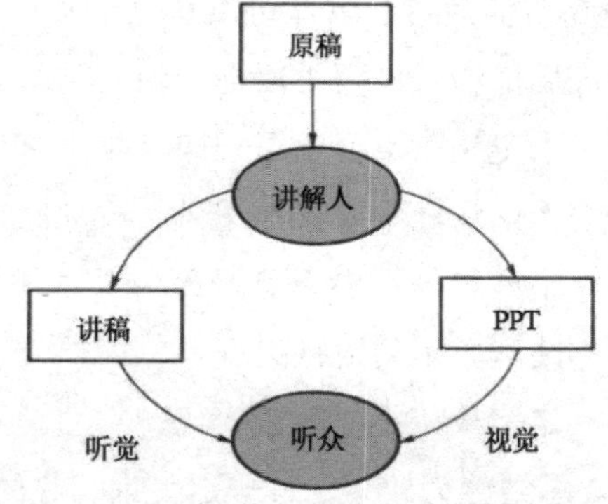

图 4-5　原稿、讲解人、讲稿、PPT 与听众的关系

图 4-5 表明：原稿通过讲解人形成讲稿和 PPT。听众一边看 PPT，一边听讲解。显然，演讲前要做好两项准备工作：一是要编写讲稿，讲稿是原稿的概要；二是要制作 PPT，PPT 是讲稿的精华。从原稿到讲稿，再到 PPT，是逐步精简的过程。

（一）简明扼要写讲稿

讲稿不是原稿的拷贝，而是原稿的概要。讲稿有三个特点：一是纲目清晰，讲稿的纲目要比原稿更简练；二是简明扼要，讲稿长短要与汇报时间相匹配，宁短勿长；三是通俗易懂，讲稿要口语化，要注重意群，有层次感。

（二）至精至要编 PPT

PPT 不是原稿的拷贝，也不是讲稿的投影。PPT 是讲稿的精华，它有三个特点：一是强力指点；二是一目了然；三是有示必讲。

1.强力指点

人们在各种汇报会或评审会上见到的 PPT 大都存在一些问题。不合格的 PPT 有五种类型：一是拷贝型，这种 PPT 肢解原文，分块入瓮；二是助听型，这种 PPT 复制讲稿，讲示无异；三是摆设型，这种 PPT 示而不讲，令人感到莫名其妙；四是浮夸型，这种 PPT 总是喧宾夺主；五是肤浅型，这种 PPT 面面俱到，没有重点。市面上有许多关于 PPT 的讲座。这些讲座不一定适用于科技汇报类 PPT 的制作。按照这些讲座编制的 PPT，画面越来越漂亮，动画越来越多，科技要素却越来越少。有些教师毫无选择地到处听、到处学，这是一种错误的做法。

要做到强力指点，不仅要编排好整个 PPT 的框架，还要编制好每幅 PPT。要注意每幅 PPT 的视觉效果，避免审美疲劳，具体可以从以下几个方面入手：

第一，布局要整体明，局部清，不要主次不分。

第二，编排要重和谐，求变化，不要千篇一律。

第三，密度要匀疏密，不饱和，不要密不透风。

第四，形态要整体美，不怪异，不要杂乱无章。

第五，色彩宜清新，不凌乱，不要跳跃突变。

第六，字符要定字体，定字号，不要随意变化。

通常，科技概念清晰、总结能力较强、有一定美术功底的教师，才能编制高质量的科技 PPT。

2.一目了然

不论是汇报，还是讲座，讲解人“示其形，发其声”，听讲人“观其形，听其声”。听讲人以看为辅，以听为主。这就要求 PPT 一目了然。

编制好 PPT 之后，教师要先试读一遍，再试讲一遍。每幅 PPT 的阅读时间应远小于讲解时间，这样可以使听讲人以最快的速度阅读 PPT，然后专注于听讲。

如果 PPT 有一大段烦琐冗长的文字、密密麻麻的框图、大量的表格，那么听讲人需要费时费力才能看完。对于这类 PPT，如果演讲人不进行详细讲解，听讲者又来不及阅读，那么放映这种 PPT 是一件没有意义的事情。

编制一目了然的 PPT，有三种基本方式：提纲式、简图式、简表式。对于这三种形式，教师要择优选用。文字功底好的教师往往喜欢用提纲式 PPT。美术功底好的教师往往喜欢用简图式 PPT。

3.有示必讲

PPT 上的字符，必须逐一提及。PPT 上的图表，必须详细讲解。

当前，示而不讲是一种陋习。例如，有的人做了 120 页 PPT，汇报时间却只有 10 分钟，在平均 5 秒钟讲一幅 PPT 的情况下，他显然不可能做到有示必讲。

（三）有的放矢作演讲

对于不同的对象，教师要有的放矢作演讲：对于科普班，要作故事型演讲；对于初级班，要作基础型演讲；对于中级班，要作授课型演讲；对于高级班，要作研讨型演讲。

在作科技演讲时，必须注意的是：明确演讲纲目，不要东拉西扯；少讲基本概念，别给专家上课；少讲公式推导，注重物理概念；多讲创新技术，彰显课题水平；给出明确结论，不要模棱两可。

演讲的精髓是深入浅出，通俗易懂。演讲必须深入浅出。

深与浅是相对的，又是直观的。在逻辑上，深与浅有四种组合：浅入浅出，隔靴搔痒，无济于事；浅入深出，内容空洞，卖弄文才；深入深出，故弄玄虚，曲高和寡；深入浅出，通俗易懂，大家风范。

通俗易懂的讲解能力涉及学识问题，也涉及技巧问题。它与作者的逻辑思维、归纳能力、文字功底密切相关。学术不深，行文必浅，只有深入细致做学问，才能通俗易懂作演讲。有些演讲，曲解了通俗的含义，令人啼笑皆非。例如，有人在阐述抗干扰技术时说道："一旦告警，便进入抗干扰程序，实施苦海无边、回头是岸式的闭环控制，使其迷途知返，退出受扰状态。"其实，这句话只要去掉经文就是一个好句子："一旦告警，便进入抗干扰程序，实施闭环控制，使其退出受扰状态。"

在作演讲时，还需要做到以下几个方面：

第一，严格控制演讲时间。初讲者，难以控制讲解时间，这是正常现象。演讲时间是可以严格控制的，一种有效的方法是给 PPT 配置发言稿。在每页 A4 纸上打印三幅 PPT，在旁边留出发言稿的编写处，将讲稿进一步简化后写在上面。演讲时，按照发言稿不慌不忙地讲，时间就得到了控制。

第二，演讲者要与听众进行良好的互动。良好的互动可以收到事半功倍的效果。

第三，在对非专业人员讲科技问题时，教师必须采用科普讲法，不仅要学会严谨缜密、深入浅出地撰写科技文稿，还要学会条理清晰、通俗易懂地讲解技术问题。

第三节　能力修炼

教师的能力修炼涉及众多方面。上一节讨论过的五种素质，实际上也是五种能力，即策划能力、实施能力、分析能力、编审能力、演讲能力，除此之外教师的能力还包含论证能力、设计能力、试验能力、总结能力等。本章主要阐述教师的四种基本能力的修炼，它们是学习能力、创新能力、自立能力和组织能力。能力修炼的目的是培养全能型科技人才。

从事系统工程的科技团队，由主任设计师、主管设计师和设计师组成。主任设计师要严以律己，为人师表。主管设计师要独立自主，独当一面。设计师要勤奋好学，发愤图强。做到为人师表、独当一面并不容易，它是以学习能力、创新能力、自立能力、组织能力为基础的。这些能力不是与生俱来的，不经过艰苦修炼，是得不到的。

一、学习能力

（一）“以自我发展为中心”的学习能力提升模型

学习能力是指由学习动力和学习毅力直接驱动而产生的接受新知识、新信息并用所接受的知识和信息认识问题、分析问题和解决问题的能力，是学习行为是否具有成效的关键，最终会表现为个人的学习方法。

一个人的学习能力由其开展学习的主观和客观条件构成。其中，主观条件是指对知识的接受和消化能力，包括阅读力、记忆力、理解力、判断力和学习效率等，客观条件是指开展正常学习活动的物质基础，包括资金、时间和精力的投入。

我们在学校里的学习是“以知识为中心”的，通常以通过考试或开展科学研究为目的，而当我们跨入职场之后，学习就应该转变为“以自我发展为中心”、以解决问题或提升能力为目的。本节将探讨的提升学习能力的方法，指的就是“以自我发展为中心”的学习能力。

“以自我发展为中心”学习模式的底层逻辑来自美国著名教育学家马尔科姆·诺尔斯（Malcolm Knowles）提出的成人学习五大公理：

（1）自我导向：成人学习一定要有某种特定目的，并强调主动参与和积极探讨。

（2）关联经验：成人学习可提供丰富且不断增长的经验，用于对新知的论证和实践，并实现新知的内化。

（3）强调实践：成人学习重在实践，强调在用中学，在学中用，学习内容倾向于选择用得上的知识和技能。

（4）聚焦问题：成人学习主要聚焦于解决实际问题，内容的实用性和知识体系的搭建比理论信息更重要。

（5）内在驱动：成人学习旨在提升能力，学有所得、学有所成是内在驱动的强大力量。

从这五条公理可以看出，“以自我发展为中心”的学习模式都是以解决问题或提升能力为出发点的，其目的指向非常明确。但这并不意味着成人就不能去学一些与职业技能无关的知识。这就好比一个工科生，从事的是技术类工作，但仍然可以去学习自己感兴趣的音乐、绘画、书法等，即便单纯为了自娱自乐也未尝不可，因为那是他的爱好，可以与职业、专业无关。只不过我们在这里探讨的学习主要是指对可以用于实际的知识的学习。当然，对于从事艺术工作的人来说，音乐、绘画、书法等方面的知识，本来也可以是学以致用的。

“以自我发展为中心”的学习能力提升主要从三个方面入手，分别是从知识中学习、从信息中学习和从经验中学习。其中，从知识中学习主要体现为通过内化和运用知识而熟练掌握知识，从信息中学习主要体现为通过分析和整理信息而提炼出真正有价值的知识，从经验中学习主要体现为通过追问和反思经验而获得可靠的知识。

根据以上分析，我们可将学习能力划分为三个维度：内化和运用知识、分析和整理信息、追问和反思经验。而提升这三个维度学习能力的核心目的是构建属于自己的知识体系。所有这些要素组合起来就形成了一个完整的学习能力提升模型（如图 4-6 所示）。

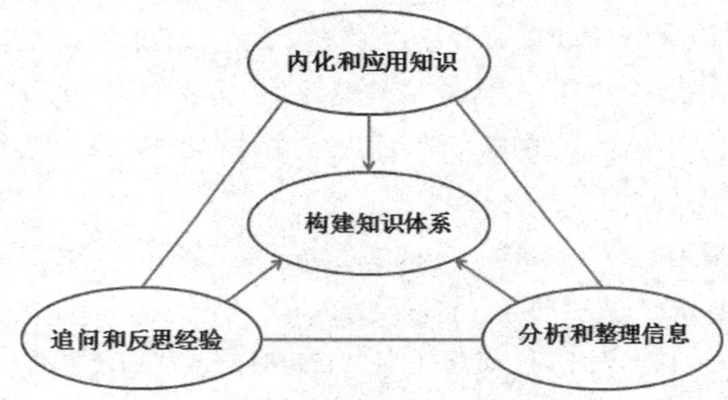

图 4-6　学习能力提升模型

在这个模型中，学习能力提升的三个维度是相互关联的，信息经过分析和整理可升华为知识，知识经过内化和应用可转化为能力，能力转化为行动后可带来经验，经验经过追问和反思可沉淀出信息……我们不断在“信息—知识—经验—信息”的学习与实践中循环上升，逐渐形成自己的知识体系，这便是知行合一在学习能力提升上的具体表现。

关于如何提升学习能力，赵周在《这样读书就够了：个人学习力升级指南》一书中介绍了一套“拆书”方法。接下来我们在借鉴该书相关理论的基础上，对“以自我发展为中心”的学习能力提升模型进行详细探讨。

1.内化和应用知识

内化和应用知识是学习能力提升的第一个维度，也是我们大多数人最常见、最习惯的学习方式。

“以自我发展为中心”的学习是自我导向的按需学习模式。在开始学习之前，我们一般会根据自己当下想要解决的问题或希望提升的能力，有针对性地去看书、听讲座或参加培训，并提取出对我们有用的知识点。

在一般情况下，不管是看书、听讲座还是参加培训，我们接收到的知识内容会很多。很显然，本着学以致用的目的，我们并不需要把接收到的所有内容全盘吸收，因为那样既没必要，也不现实。我们真正要做的是，按照自己想要解决的问题或希望提升的能力，从所有接收到的内容中提取我们需要的知识点，然后把它们内化为自己的东西，而不是照单全收。为此，我们可以采取“RIA 便签学习法”对我们想要掌握的知识点进行拆解、消化和吸收。

为了做到对知识的内化和运用，赵周提出了一套针对个体学习者读书时使用的“RIA 便签学习法”，笔者认为也可以用在讲座、培训、“师带徒”和日常交流等学习过程中，其主要操作步骤如下：

第一步：R，即“阅读（read）”。

在阅读一本书的时候，若遇到符合自己需要的知识点，就在相应的文字下面划出来。如果阅读的是电子书，或是在讲座、培训中听到演讲人或培训人所讲的内容，或是平时听到他人讲述的有价值的知识，则可以在专门准备好的笔记本上记录下来，也算是另一种形式的“阅读”。

第二步：I，即“理解（interpretation）”。

在一张便签上用自己的话复述原文内容，写出自己对知识点的理解、启发或有价值的提醒。记住一定要用自己的话表述，而不是照抄原文。这是对知识点最初步的理解。

在这个步骤中，不少人会止步于“附会”旧知（即认为这个知识点自己已经知道了，但未必真的理解到位），或者干脆就直接摘抄原文，这是一种错误的认识和做法，因为就算一个人把这些内容全部背下来，也不代表就是他自己的，这就是我们常说的“知道不等于学到”。

复述的意义在于理解，如果不能充分理解知识点的内容，就很难用自己的语言表达出来。为了达到“内化和应用”的目的，我们可以在本步骤中将知识点细化为明确具体的操作方法或步骤。

第三步：A，即“拆为己用（appropriation）”。

描述自己的相关经验以及下一步打算如何应用。这是将知识点变成自己可用的方法与能力的过程，是对知识点的进一步理解和运用，可再细分为 A1 和 A2。

A1：在第二张便签上写下自己与这个知识点相关的经验，回顾自己有没有经历过或见到过类似的情况。通过反思自己的相关经验，让这个知识点真的与自己建立关联，相当于用已有知识解释新学的知识，起到“温故而知新”的功效。为了让这个步骤执行性更强，便签上记录的事件必须是自己亲身经历、亲眼所见或亲耳所闻的，最好能叙述事件的起因、经过和结果，从而更好地理解和反思自己的经验，以此获得个人的成长。

A2：在第三张便签上写下针对这个知识点自己可以开展的下一步行动，即关于今后如何应用的计划，让知识在解决实际问题时发挥作用，相当于用新知优化经验，形成对当下问题更有效的解决方法，把新知变成自己真正的能力。对于新知，要时刻谨记“学到不等于做到”，因此为了让这个步骤具有更强的执行性，可以在便签上给自己定一个具有明确性、可衡量性、可达成性、相关性和时限性的目标，甚至写下什么时间、什么地点开始，提醒自己及时开始改变自己的行为。

RIA 便签学习法的主要工具就是便签，即便利贴纸，主要用在第二、三步。通常的做法是准备三种不同颜色的便签，分别用来书写 I、A1 和 A2 的内容。如果读的是纸质书，则可以在写好便签之后将其贴在对知识点画过线的对应书页上，每个步骤用一张，掌心大小的便利贴纸正好贴完一页。如果是用笔记本记录的电子书、讲座、培训或其他场景获得的知识点，则可以在写好便签之后将其贴在对应知识点的笔记页上，也是每个知识点 3 张便签贴完一页。当然，如果 A2 的行动内容有很多条，则可以再加一张同样颜色的便签，但一个知识点的便签总数最多不超过 4 张。

从上面的描述可以看出，RIA 便签学习法的核心步骤是 I、A1 和 A2，它们展现了知识被内化和应用的三个阶段（如图 4-7 所示）。

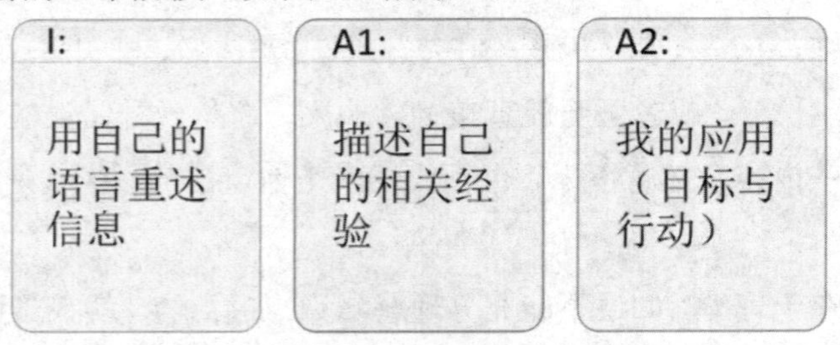

图 4-7　RIA 便签学习法的核心步骤

RIA 便签学习法为我们提供了一种有效的学习工具。我们可以直接使用，也可以进行一些变通，比如单独用一个笔记本记录知识点（可同步标注该知识点在图书或培训教材中的页码，以便需要时查阅原文），用不同颜色的笔代替便签纸写下 I、A1 和 A2 的内容，等等。当然，我们也可以用电子文档来做笔记，注意区分出 I、A1 和 A2 的差别，随时能找到自己需要的内容即可。

2.分析和整理信息

分析和整理信息是学习能力提升的第二个维度，也是现代人常用的学习方式之一。

我们生活在一个信息远多于知识的时代，每天都要面对海量的信息。其中，大量为了博取关注和流量的“标题党”以及穿着科学外衣的“伪科学”文章在各种正规和非正规的媒体发布，许多言过其实、哗众取宠的帖子以及刻意夸大、煽情甚至误导读者的荒谬观点在网络上招摇过市，且层出不穷。我们如果不具备独立思考和有效甄别的能力，不能很好地分析和整理信息，就可能被大量的信息所淹没，成为一个了解很多信息、人云亦云的“知道分子”，而不是一个拥有自己的判断，能区分真伪的“知识分子”。

举例来说，“一个人每天要喝 8 杯水”不属于知识，只是一条碎片化的结论信息，而且是不确切的，其中暗含了多个不确定的因素，比如：杯子是多大的？大人和小孩都是喝 8 杯吗？一定是喝水吗？喝 8 杯饮料行不行？我们只要仔细思考，就会发现能问出好多问题，且无法通过这一条信息得到答案。而知识则与此不同，它包含了上下文的关联信息，我们能据此作出一定的判断。比如说：“一个肾功能正常的成年人，一天喝 2 000 毫升水对身体是有益的。”在明确信息的前因后果（前因：“一天喝 2 000 毫升水”。后果：“对身体是有益的”）和适用边界（“一个肾功能正常的成年人”），即给出上下文的关联信息之后，这个结论变得更具体，成了知识。

由此可见，并非所有信息都是知识。二者最主要的差别在于知识的上下文能清楚地表明前因后果和适用边界。事实上，如果缺乏前因后果和适用边界，我们曾经在课堂上或老一辈那里学到的很多东西就会变得自相矛盾起来，比如“宰相肚里能撑船”和“有仇不报非君子”、“宁为玉碎，不为瓦全”和“留得青山在，不怕没柴烧”、“退一步海阔天空”和“狭路相逢勇者胜”等，到底哪一句是对的？这就要看前因后果和适用边界的差别。

因此，孟子曰：“尽信书，则不如无书。”现实世界纷繁复杂，面对汹涌而来的大量碎片化信息，要避免盲从和轻信，就要经常思考，鉴别信息的真伪和价值，这就是分析和整理信息要做的工作。

为了做好信息的分析和整理，我们对接触到的信息，比如新闻、问题、文章，或是一本书、一个演讲、一个抖音视频等，可以用“前因后果、适用边界”来进行全面的剖析。

要特别指出的是，在使用内化和应用知识的 RIA 便签学习法之前，如果不确定我们认为有价值的那个“知识点”是否为真正的知识，则要使用“前因后果、适用边界”

进行分析和整理。其中，分析信息使用“前因后果”，整理信息使用“适用边界”。

当我们用“前因后果、适用边界”对信息进行分析和整理后，无论这个信息原来是什么样的，也无论它是从哪里来的，我们都可以去判别它的真伪和局限，补充上下文，提高信息的质量，甚至将其升华为知识。

3.追问和反思经验

追问和反思经验是学习能力提升的第三个维度，也是起源最早的一种学习方式。古希腊哲学家苏格拉底就说过：“未经反思的人生不值得过。”

社会发展到今天，从经验中进行学习仍然被人们广泛推崇，因为经验必须来源于实践，而“实践出真知”。

然而，由于经验往往仅来自某些人或某些团体，而且他们的实践行为要受时间、空间及其所处环境、条件的限制，因此并非所有的实践经验都是真知。王守仁在其著作《传习录》中说：“行之明觉精察处，即是知。”对待经验，如果不加以明觉精察，不进行反思、总结，它就不可能变成知识。

体验式学习大师大卫·库伯（David Kolb）认为，经验学习过程是由四个适应性学习阶段构成的环形结构，称为“库伯学习圈”，包括具体经验、反思性观察、抽象概念化和主动实践（如图 4-8 所示）。

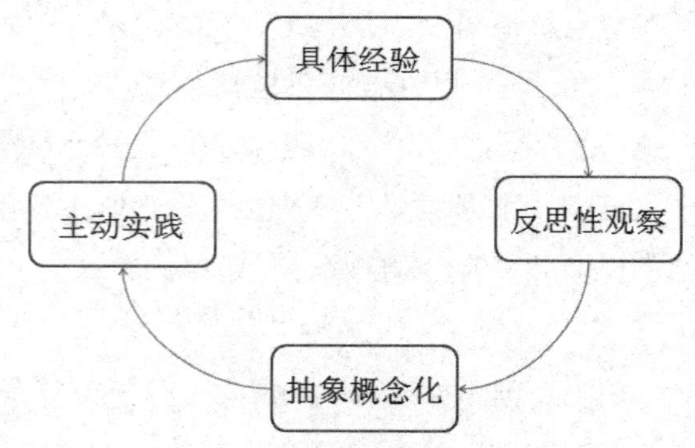

图 4-8　库伯学习圈

库伯认为，任何学习过程都应遵循学习圈：学习的起点或知识的获取首先来自人们的经验，包括直接经验和间接经验。有了经验，下一步就是对其进行反思性观察，即对经验过程中的“知识碎片”进行回忆、清理、整合和分享等，并把“有限的经验”进行归类、条理化和拷贝。然后，我们就要对反思结果进行抽象概念化了，即在理解、吸收所观察内容的基础上，形成合乎逻辑的概念，将经验升华为理论知识。学习圈的最后一个阶段是主动实践，即将这些理论知识运用到制定策略、解决问题的过程中去，并通过实际行动对它们进行验证和完善。主动实践是对已获知识的应用和巩固，是检验学习者是否学以致用、是否达到学习效果的过程。如果从行动中发现有新的问题出现，则意味着新一轮的学习圈又开始了。人们的知识就在这种不断循环的学习圈的运转中得以增长。

在内化和应用知识时，主要工具是 RIA 便签学习法，要用到 I、A1 和 A2 这三张便签；在分析和整理信息时，主要工具是“前因后果、适用边界”，用多方面的问题进行剖析。基于库伯学习圈，我们在追问和反思经验时，要将 RIA 便签学习法和“前因后果、适用边界”这两个工具整合起来使用，形成一套改进的 RIA 便签学习法（如图 4-9 所示）。

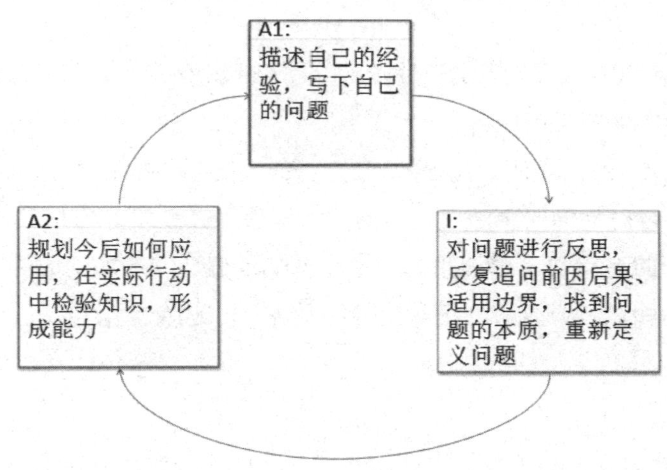

图 4-9　追问和反思经验的 RIA 便签学习法

为什么要这样做呢？首先，通过实践得到的经验在 RIA 便签学习法中应归属于 A1 便签，它是经验学习的起点，也是库伯学习圈的起点，这一点与内化和应用知识时以 I 便签为起点不同。其次，经验在未经检视与核验之前，还不能确定是否可靠，存在未经证实的问题，这就类似于上文讲到的碎片化信息，需要借助“前因后果、适用边界”工具进行分析和整理，相当于返回到 I 便签，目的是通过多方面的问题对 A1 进行追问和反思，并通过抽象概念化形成真正的知识，找到问题的本质。这一过程覆盖了库伯学习圈的第二和第三阶段，使 A1 变得更加清晰，变成了重新定义的问题和知识。最后，当 A1 和 I 便签都已经明晰时，A2 才变得顺理成章，这就是库伯学习圈的第四阶段，也是 RIA 便签学习法中的实践环节。

追问和反思经验的RIA便签学习法的过程要点如下：

第一步：A1。

A1便签是从经验中学习的起点，用来描述自己的相关经验和问题。问题一定要是自己亲身经历的，不能是想象的、理论的或未来可能发生的。问题最好是紧迫的、比较重要的，因为解决无关痛痒的问题很难带来真正的学习。问题要尽可能简短，不必进行过多分析，用几句话简要描述即可。

在A1便签中写下问题时，一定不要急于寻找答案或者采取行动，不要直接从A1跳到A2，因为同样是自己的经验，在读书时想到的和在解决问题时写下的A1有着本质的区别。也就是说，未经反思的经验是不可靠的经验，未经追问的问题不是真正的问题。

第二步：I。

I便签是追问和反思经验的实质性步骤，用来重述信息，理解和澄清问题，找到问题的根源，从而重新定义问题。

本步骤中，要先对A1便签提出的问题反思其前因后果，在完成对问题前因后果的反思后，接着要再对问题的原因假设追问其适用边界。

经过一系列的追问和反思，我们就能将初始的经验A1加工成为前因后果完备、适用边界清晰的知识，即能够真正解决问题的方法。这实际上也是一个重新定义问题的过程。

第三步：A2。

A2便签是基于I便签中最后形成的知识（即解决问题的方法）制定的目标和行动计划，这是将经验转化为能力的关键步骤。

A2便签的写法仍然是先明确目标，即问题解决到什么程度、达到什么效果等。在写具体行动时，最好有2个以上的方案，在综合考量每个方案的现实性、可执行性、可控性、成本和收益之后，再确定具体的行动计划。

当我们完成上述三个步骤时，一轮从经验中学习的过程就结束了，这就是结合了库伯学习圈基本原理的追问和反思经验的RIA便签学习法的完整流程。

4.构建知识体系

前文从三个维度探讨了学习能力提升的方法。从中可以发现，知识与行动进行连接会内化为能力，行动会带来新的经验；经验经过追问和反思会使问题得到重新定义，在带来新知的同时沉淀出信息，而阅读、搜索、交流、分享等行为也会带来新的信息；信息经过分析和整理可以升华为知识，再次进入一轮新的循环……我们的学习能力就是这样不断从知识、经验和信息的学习之中逐渐提升的。

我们已知，人类社会现存的知识如同汪洋大海，而且在以爆炸式的速度增长。无论一个人的学习方法多么科学合理，消化吸收能力高到什么程度，他毕其一生也只可能学到沧海中的一粟而已。庄子说的“吾生也有涯，而知也无涯”也是这个道理。

因此，我们在持续学习和精进的过程中，不能只为了学而学，应该有目的地优先学习那些自己最需要、最能带来效用的知识。

因此，无论是从知识、经验还是信息中学习，我们的根本目的是要构建起属于自己的知识体系，从而为解决实际问题形成一套完整有效的思维模式。这就好比一个厨师，只要看到摆在面前的食材，就自然知道怎么把它们做成合适的菜式，因为在他的脑海中，经过长年累月的积累，对诸如材料搭配、分量比重、味道烹调等，已经有一套完整的知识体系。

什么是知识体系呢？它是由大量不同的知识点系统、有序、指向性明确地组合而成的某个领域的知识架构与内容合集。借助这个架构，知识体系的拥有者可以更好地理解、分析和处理该领域的问题。

知识体系能把不同的知识点有规则地串联起来，从而塑造出我们看待问题、理解问题和制定解决方案的思维模式。

那么，我们如何才能构建自己的知识体系呢？方法并不难，但实操时必须用心。构建知识体系的主要步骤包括：明确的体系目标、多样化的知识输入、有效的构建过程、结构化的知识体系输出和持续的更新迭代。

（1）明确的体系目标

作为主动学习的高级形式，知识体系的构建应该是目标导向的，没有目标地盲目行动只会一事无成。

建立知识体系的主要目的是解决某一领域的问题，或是提升解决该领域问题的能力。因此，在构建知识体系之前，首先要明确一个具体的知识领域，即体系目标，比如中餐厨师技能、注册会计师技能、大客户销售技能、网上开店技能等。

体系目标一般根据个人的需要来设定，按照轻重缓急进行排序，急用先行，因人而异。

（2）多样化的知识输入

知识输入是知识体系的原材料，由广泛而大量的知识、信息和经验组成，获取的方式包括看手机、上网搜索、向他人请教、读书、听书、听讲座、参加培训、亲身实践等，只要能获取与体系目标相关的知识内容，形式不限。

知识体系需要的知识输入应该是多种多样的。因此，在构建知识体系的过程中，我们一定要注意综合运用各种手段，把与目标知识领域相关的知识、信息和经验尽量吸收过来。

（3）有效的构建过程

构建知识体系是一个“聚沙成塔”的过程，除了前面谈到的内化和应用知识、分析和整理信息、追问和反思经验，教师还需要采用一些特定的方法对知识进行提炼、关联、延展、检验和聚合，借此逐步形成体系框架。

①提炼

根据知识体系的目标，对所有的知识输入进行整理和筛选，对有疑问的知识点进行推敲，剔除无用的、有干扰性的内容，在此基础上理清各个知识点之间的逻辑关系，并对它们进行模块化处理，使其变成一块一块的“知识积木”。

②关联

在对所有知识模块进行全面扫描，形成基本理解和整体印象后，再对它们展开创造性、结构性和系统性的思考，从而建立起知识模块之间的关联，形成一个初始的知识脉络，即知识体系架构的雏形。

③延展

对各知识模块中的一些关键知识点进行发散性的延伸思考，考察它们是否可以扩充到目标知识领域之外的地方，据此测试出它们可以跟什么事情联系起来，又无法跟哪些事情联系起来，从而找到并定义知识点的边界和条件，使知识体系慢慢成形。

④检验

对各个知识模块和知识点进行多种方式的检视和验证，目的是加深理解和记忆，获得自我经验，并对发现的知识漏洞进行修补。检验的方法主要包括讨论、实践和传授。讨论是一种加深理解和记忆的有效方法，既包括与他人一起探讨，也包括自我讨论，即针对知识点由自己向自己提问，比如该知识点的核心作用是什么、它跟什么事情有关联、需要具备什么条件才能发挥作用等；实践就是学以致用，把知识应用于具体行动之中，这是获得自我经验的途径；传授就是把自己学到的知识教给他人，包括培训授课、传帮带等形式，可达到对知识深度理解的目的。在整个检验过程中，如果发现任何漏洞，则应当立即进行修补、替换，甚至发展出自己的观点和理论。

⑤聚合

聚合就是把所有与目标领域相关的知识“从点到线、从线到面、从面到体”整合起来的过程。先将各个零散的知识点进行分类，串起来，聚合到不同的知识线之下；再将各条知识线进行分类，摊开来，聚合到不同的知识面之下；最后将各个知识面进行分类，拼起来，聚合到一个统一的知识体系之下，并按照一定的逻辑阐释清楚各层之间、各层内部模块之间的关系。在此基础上，添加相应的实践案例、历史经验、工具模板等内容，就完成了整个知识体系的构建。

以上从知识输入开始，经过提炼、关联、延展、检验和聚合后形成知识体系的过程是自下而上的。我们也可以从体系目标出发，利用创造性思考工具，自上而下地构建知识体系。

（4）结构化的知识体系输出

当我们在明确的目标指引下，将获取的知识、信息和经验作为输入素材，经历了知识的内化和应用、信息的分析和整理以及经验的追问和反思之后，再对知识进行提炼、关联、延展、检验和聚合，就能构建起一个逻辑清晰、内容丰富的知识体系。

需要特别说明的是，没有构建大型知识体系经验的人最好先从一个小目标入手，以解决实践性问题来构建自己的知识体系，循序渐进地升级到搭建更复杂的体系架构。

（5）持续的更新迭代

完成了知识体系的构建，并不代表我们可以一劳永逸了，我们还要在使用过程中持续更新迭代，通过吸收更多有价值的新知和信息对其添砖加瓦，通过吸纳与时俱进的观点和方法对其删改修正，通过吸取自己和他人的实践经验对其补充完善。

任何一个知识领域的发展都是没有止境的，个人知识体系也是如此——从构建到应用，从应用到更新迭代，从更新迭代到融会贯通，这是我们持续学习、持续精进的必由之路，也是学习能力不断增长和提升的必由之路。

（二）教师学习能力的培养

学习是教师的头等大事。教师要向书本学、向实践学、向他人学，不断接受新概念、新技术。

教师，特别是具有高级职称且处在较高科研岗位上的教师，一定要有学无止境的意识。先当学生，再为人师。人们经常用科研水平高低来评价教师。什么是教师的科研水平？一是学术水平，主要指专业理论水平；二是技术水平，主要指工程实践能力。两者兼备，就是高水平的教师。

本部分介绍三个内容：一是勤读善思，提高学术水平；二是勤学苦练，提高技术水平；三是运用学习型科研法。

1.勤读善思，提高学术水平

学术水平是科技素质的根基。勤读善思是提高专业理论水平的重要措施。学得透，问得深，就是做学问。我们不能把做学问看得太神秘了，其实人人都可以做学问。学得多，问得多，获得的知识也越多。从做学问，到有学问，就是提高学术水平的过程。教师不仅要完成科研任务，出科研成果，还应该把科研实践上升到做学问的高度，才能学有所得。只学不问，或者只干不问，就做不了学问。教师应该经常自问：提出过多少科学技术问题？解决了几个科学技术问题？正在研究哪个科学技术问题？学问、学术、学说是三个不同的知识层面：学问是各种知识的通称；学术是专门、有系统的学问；学说是自成体系的主张、理论。许多教师持之以恒地做学问，却不一定能达到某种学术水平，更难以提出某种学说。

经济学家于光远先生认为：玩学问是做学问的高级境界。当然，玩学问需要资本，只有具备了广博的科学知识，才可以玩。玩学问需要方法，只有具备了独到的治学能力，才玩得转。尽管教师都在做学问，但绝大多数教师还远远没有达到玩学问的境界。教师需要老老实实地从做学问开始，一步一个脚印地向前迈进。

2.勤学苦练，提高技术水平

技术水平是科技素质的体现，勤学苦练是提高工程实践能力的重要措施。勤学，就是学习先进、寻找差距、求变创新。苦练，就是抓住关键、攻坚克难、突破超越。通常学术水平越高、物理概念越清楚的教师，动手能力越强，技术水平越高。

实践出真知，教师要质疑求变，促使科学技术不断发展。没有质疑就没有创新，教师要在质疑中寻求灵感，实现突破。教师要经常反思：提出过多少工程技术问题？解决了几个工程技术问题？正在研究哪个工程技术问题？没有工程技术问题需要解决的教师，即使被锁在实验室里，也不会研究，更不用说探索了。

3.运用学习型科研法

当前，多数教师采用任务型科研法，其工作重点局限在设计、制造、试验三个方面，如图 4-10 所示。由于缺少学习和总结环节，不少教师往往处于技术透支状态。设计起点低，低水平重复现象严重。显然，在积极参加科研实践的同时，教师不能忘却科技学习，要不断提高科技水平。

教师应该采用学习型科研法：学习→设计→制造→试验→总结→学习。理论指导实践，实践升华理论，周而复始，循环往复，如图 4-11 所示。

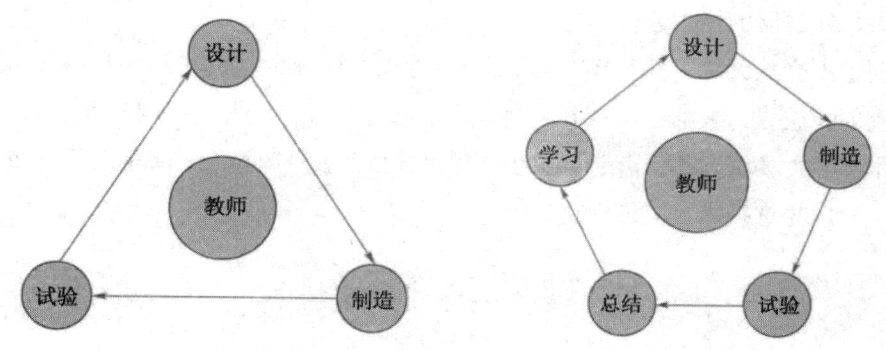

图 4-10　任务型科研法　　图 4-11　学习型科研法

学习型科研法中的教师始终处于学习状态，在设计、制造、试验过程中不断学习新概念、新技术、新方法。采用学习型科研法，可最大限度地激发教师的潜能，在确保科研项目的研制质量和研制进度的同时，不断提高教师的技术素质。

任务型科研法转化为学习型科研法的基本措施如下：一要树立学习意识，使学习成为自觉需求；二要养成学习的习惯，以阅读技术专著为荣，以收集技术资料为荣，以撰写科技论文为荣，以参与学术活动为荣；三要自查学习效果，统计科研达标率、科技成果数量、发表论文数量、参与学术交流次数等。

二、创新能力

创新能力，就是敢于并善于突破原有的观念与框架，另辟蹊径，走自己的路。科学研究的期待之一，就是能有这样的创新。

有能力创新的教师，必须具有感觉敏锐的禀赋，必须具有破除种种迷信的胆识。艾瑞克·弗洛姆（Erich Fromm）在《论不从及其他》（中译本又名《人的呼唤》）中精彩地指出："人类因不从的行为得以不断地进化，不仅精神得到了尽可能的发展，而且智力得到了发展。人的精神之所以得到发展，仅仅是因为人敢于对以人类良心和真理的名义出现的权威说'不'；人的智力发展依赖于不从的能力，即对试图禁止新思想的权威人士的不从和对长期形成的已变为废话的权威观点的不从。"他甚至断言："人类历史肇始于一种不从的行为，而且可能会终结于一种顺从的行为。"从事科学研究就要有弗洛姆所说的这种“不从”的精神。只有“不从”，才能“创新”。

创新就是有所创造、有所发明、有所发现、有所前进。创新能力，就是获取新概念、新成果、新进展的能力。

创新不会从天降，不下苦功是无法等来创新的。不经过精心策划和潜心研究，肯定得不到创新成果。教师不能等到编写科研总结报告时，再去寻找创新点。

本部分主要阐述的内容包括：注重理论分析，获取新概念；注重工程实践，获取新成果；应用先进技术，获取新进展。

（一）注重理论分析，获取新概念

有三类新概念：一是前瞻性新概念，这是大师级的创新；二是突破性新概念，这是专家级的创新；三是一般性新概念，这是低层次的创新。新概念往往产生于读书、思考、实践、写作的过程中。

《钱学森故事》一书中提到钱学森提出的诸多创新概念：1939 年提出了飞行器的热障概念；1948 年提出了核火箭概念；1949 年提出了火箭旅客飞机概念；1953 年提出了在轨起飞概念；1969 年提出了太空生产概念。

教师在研究事物时，要刨根问底。只有博观而约取，厚积而薄发，才能真正做好学问。在科研工作中，教师不仅要着眼于国内外的先进技术，更要注重一点一滴的科技积累，这样才能增长学识。

有些教师把炒作术语当作创新。例如，有一位教师把“杂噪抑制技术”作为创新点。所谓“杂噪”，就是杂波与噪声的复合体。杂波与噪声的成因不同，统计模型也不一样，因此并不能合二为一，更不能抑制。这种错误概念是不可能成为创新点的。有些学位论文，自称有七八个创新点，这同样是不可能的。教师不能把一个创新内容的多个特点，都破格提升为创新点。

（二）注重工程实践，获取新成果

在工程实践中，技术应用、技术革新、技术创新是三种不同层次的科技成果。

教师既要重视科学技术的继承性，又要重视科学技术的创新性。如果教师都墨守成规，科学技术就无法获得发展。

有人认为“国外有的，我们要有；国外没有的，我们也要有”，这是一种难能可贵的赶超意识。在科技落后的情况下，这是一种自强自尊的民族精神。

绝大多数教师往往达不到大师级水准，也没有专家级的水平，但必须脚踏实地，做好本职工作。不论创新型技术，还是赶超型技术，教师都要尽力而为。

（三）应用先进技术，获取新进展

我国的两弹一星、载人航天、登月探测，虽然不是国际首创，却都是震惊中外、振奋中华的伟大壮举。瞄准国际先进水平自行研制，获得科技进步，是赶超国外先进技术的重要途径。教师要在把握国外先进技术的基础上，实现超越式发展。

三、自立能力

自立能力，就是独立工作能力。

不少年轻教师的独立工作能力较差，这是因为他们在学生时代只学如何答，不学怎么问。一名既不会发散思维，又不会分析综合的教师是无法具备独立工作能力的。当然，通过基础修炼和在岗修炼，多数教师已具备了基本工作能力，但仍有必要注重科研能力的自我训练。其实，自我训练也是一种极为重要的自立能力。

自立能力的涉及面很广，这里只讨论三个问题：一是科研人生的自我规划；二是研制风险的自主控制；三是编制个人科研履历表。

（一）科研人生的自我规划

这里，只讨论技术层面的修炼。教师必须规划好自己的科研人生，明确个人的技术发展方向。

在系统工程中，一个系统往往包含多个分系统，一个分系统又有诸多组合。如何绘制个人的技术发展路线图？是自上而下以“系统→分系统→组合”为发展路线，还是自下而上以“组合→分系统→系统”为发展路线？这是因人而异的。通常，年轻教师承担的课题较小，且缺乏系统知识，不宜由上而下地安排个人的技术发展路线图，而应选择包含承担课题的分系统为主攻对象，学习该分系统中的所有组合的基本原理和设计方法。教师要在全面掌握某个分系统技术之后，再逐个学习研究其他分系统技术。只有掌握了所有分系统技术，才能深入研究系统技术。这是造就一位专业技术过硬的系统级科技人才的常规技术路线。

必须指出，工作能力的自我训练是可以自行规划的。但是，科技工作是任务牵引的，不以个人意志为转移。当任务内容超越自己的训练范围时，教师应调整自己的训练计划，增加新的训练内容。

（二）研制风险的自主控制

研制风险控制是一个系统工程。作为科研工作的个体，每一位教师都应该自觉地控制达标风险和进度风险。达标风险由任务指标的达标率表征，进度风险由计划进度的完成率表征，以拖延进度换取达标率的做法是不可取的。

研制风险隐含在所有研制程序中，必须进行有效控制。特别要注意的是方案风险和设计风险的控制。

方案风险是颠覆性的风险，必须有效控制：一是控制原理类风险，关键原理要仿真验证，确保方案正确性；二是控制技术类风险，关键技术要演示验证，确保方案有效性；三是控制器件类风险，关键部件要试样验证，确保方案可行性。

设计隐患是产品的先天质量问题。先天不足，后天难补，必须有效控制设计风险。教师必须做到：概念清楚，不搞糊涂设计；计算周详，不搞定性设计；验证到位，不搞空头设计；过程受控，不搞无序设计。有的教师把设计内容隐含在方案报告中，导致方案不像方案，设计不像设计。目前，出现了一种技术文件，叫作《方案设计报告》。从字面看，《方案设计报告》是“方案的设计报告”，或是“设计一种方案的报告”，而不是所谓“方案”与“设计”的一体化报告。这种不规范的提法，既没有科学性，也没有文学性。

此外，“九新”与“双五”管理是必须重视的。“九新”是指新技术、新状态、新单位、新材料、新环境、新岗位、新工艺、新设备、新成员。“双五”是指技术归零五条和管理归零五条。技术归零五条包括：定位准确、机理清楚、问题复现、措施有效、举一反三。管理归零五条包括：过程清楚、责任明确、措施落实、严肃处理、完善规章。“九新”与“双五”是全面质量管理的重要方面，也是控制研制风险的重要措施。

（三）编制个人科研履历表

教师应该经常自问：“我为科研事业做了些什么？”有些教师辛辛苦苦一辈子，却不知道究竟干了些什么。建立个人科研履历表，并不是显功摆好，而是为了清醒、客观地评估个人的科技工作，认清自己的价值。

个人科研履历表的主要内容包括承担课题、创新技术、科研成果、科研写作和学术活动等方面。教师要客观填写个人科研履历表，不能占他人之功为己有。对于承担的课题，教师要分清是主管还是参与；对于创新技术和科研成果，教师要分清是主创还是协创；对于科技写作，教师要分清是主笔还是协作；对于学术活动，教师要分清是治学还是交流。

个人科研履历表不仅是评估个人科技工作能力的重要方法，也是编写职称申请报告的主要依据。许多教师，一到职称评审时，不知道怎么写申请报告。那是因为个人科研履历表的内容太少，拼凑不出合格的职称申报报告。

个人科研履历表应不断更新，内容必须简明扼要。通常一张 A4 纸足以罗列个人科研履历的全部内容。

四、组织能力

组织能力，是指带领科研团队的能力。科研组织能力涉及许多方面，例如思想工作、行政管理、技术管理、后勤保障等。这里只讨论技术管理方面的一些组织能力，包括科研工作链式管理、统筹协调科研工作、监督管控研制进程。

（一）科研工作链式管理

《设计师系统的链式管理》一书介绍了 10 种科研链条：岗位链、任务链、指标链、计划链、程序链、资料链、编审链、规范链、质控链和培训链。这 10 种链条构成科研工作平台。

链式管理是科研技术管理的重要模式。教师的科研工作链式管理具有技术性、全员性和独立性，即具有技术管理、全员管理和内部管理特征。

（二）统筹协调科研工作

同一个课题组中，所有教师都要统一认识，统一步调，共同完成科研任务。相应的课题组负责人必须统筹协调科研工作，检查和控制各分课题的研制质量。

（三）监督管控研制进程

监督管控研制进程是一项十分重要的工作，包括科研程序、科研质量和科研进度的监督管控等内容。管控，就是管理和控制。在管控时，不仅要重视终端控制，更要注重过程控制。

第五章　高校教师科研热情

专利授权量从 2012 年的 6.9 万项增加到 2021 年的 30.8 万项，增幅达到 346.4%；年专利转化金额从 8.2 亿元增长到 88.9 亿元，增幅接近 10 倍……教育部日前公布的数据显示，党的十八大以来，我国高校科技创新综合实力实现大幅跃升，教育部组织高校布局建设各类重大科研平台超过 2000 个，初步形成层次清晰、布局合理、支撑有效的科研平台体系，为创新型国家和教育强国、科技强国建设作出重要贡献。

当今世界正经历百年未有之大变局，科技创新是其中一个关键变量。强化国家战略科技力量，提升国家创新体系整体效能，加快构建龙头企业牵头、高校院所支撑、各创新主体相互协同的创新联合体，形成教研相长、协同育人新模式，打牢我国科技创新的科学和人才基础，努力构建中国特色、中国风格、中国气派的学科体系、学术体系、话语体系，是十分必要的，离不开对高校教师科研热情的激发。作为基础研究的主力军和重大科技突破的生力军，高水平研究型高校必须自觉履行高水平科技自立自强的使命担当，坚持自主创新、前沿引领，坚持科教融合、科研育人，坚持以人为本、深化改革，把发展科技第一生产力、培养人才第一资源、增强创新第一动力更好结合起来，不断激发教师的科研热情，挖掘教师的科研创新潜能，推动重大原始创新、关键核心技术突破转变为先进生产力。

第一节　高校教师科研热情的影响因素

笔者对高校教师科研热情的影响因素进行了全面且系统的考察，结果发现：第一，组织特征（科研氛围、组织支持和政策激励）、工作特征（本职工作、工作自主性、科研成果和职业发展）、社会情境（他人和社会认可）、科研认知（科研意义、个人使命和科研自我效能感）、科研情感（科研兴趣、享受过程的乐趣和享受成果的喜悦）和科研意愿（科研投入和科研主动性）会激发高校教师的科研热情；第二，环境因素（组织特征、工作特征和社会情境）可能会通过影响个体因素（科研认知、科研情感和科研意愿）进而激发高校教师的科研热情；第三，科研认知可能会通过影响科研意愿进而影响高校教师的科研热情：第四，科研情感也可能会通过影响科研意愿进而激发高校教师的科研热情。

一、组织特征对高校教师科研热情的影响

研究发现，组织特征是引发高校教师科研热情形成的环境组织因素。具体而言，我们发现组织中的科研氛围、组织支持和政策激励特征比较容易激发高校教师的科研热情。

科研氛围主要是指组织中人人都积极参与科研的氛围，当高校教师感受到组织或团队中人人都积极主动地参与科研或身处浓厚的科研圈时，自身会受到感染并进行自我反思，进而激发自身的科研热情。如访谈中一名高校教师表示：“刚开始我没有进入状态，我只想把实验完成，并不会深入思考。后来看到一些同事做实验很认真，他们投入了一定的热情去做，还会不断思考、不断拓展，然后就能不断创新，我受到了感触。再后来，我意识到我也要提高自己的主动性，不仅要认真做，还要带着自己的想法去做，要更多地去思考。因为做实验认真了，成果出来就容易了，我的热情就更高涨了。”也有教师明确表示：“科研真的和氛围有关，师兄弟之间互相带着，会少走很多弯路。”

组织支持，在工具上是指组织通过提供更好的薪酬待遇、充足的科研资源、构建强大的学术平台等（工具性支持），在情感上是指为高校教师创造良好的科研工作氛围和团队（情感支持），在信息上是指组织为高校教师提供科研交流机会等（信息支持），以支持高校教师从事科研活动。

周默涵等基于组织支持视角探讨高校海归教师科研进展满意度的影响因素时，发现组织的情感支持和信息支持对高校海归教师的科研进展满意度具有显著正向影响。同样，研究发现，组织支持能够激发高校教师的科研热情。高校教师比较关注高校或学院是否为其提供充足的科研资源、强大的学术平台、能够一起合作的科研团队以及科研交流的机会等。

例如，在访谈中有教师说道："其实搞科研要看平台，平台好了可能感觉就会比较顺，热情也会比较高，没有平台的话好像什么东西都差，尤其没有资源，这个是主要的。""再就是经费的支持，虽然现在部分学校的经费有浪费现象，但这个不应该成为削弱经费支持的理由。因为做研究肯定需要经费，只有有了足够的经费支持，教师们才能做调研。""总体而言是满意的，但是同事中做这一行的人很少，所以可以跟我交流的人不多。因为做研究很需要同行交流，有什么想法就交流，但是现在交流的条件不太好。""薪酬肯定是一种激励，还有就是给我们更多的机会吧。比如说更多出去交流的机会，包括国内开会、国外交流的机会。"已有文献关于组织层面对工作激情的影响因素研究主要聚焦于组织自主性支持，比如有学者研究发现组织自主性支持显著正向影响和谐型工作热情。而本章研究发现，由于工作性质的原因，高校教师对于组织自主性支持主要关注财务报销方面的自主性，如有的教师表示："财务方面让我们多一点自由，少一点报销上的繁杂。""我觉得，一些和科研有关的活动的费用都报销不了，而有些要求我报销的费用又是没有发生的，所以我会花很多时间在这个上面，我觉得根本没必要。"

政策激励主要是指通过物质奖励和职称晋升等科研奖励政策来鼓励高校教师从事科研活动。组织明文规定的科研激励政策，有助于高校教师熟知从事科研活动能够带来的益处，并洞悉组织科研规范的具体规则，进而有助于激发高校教师的科研认同动机，形成他们的个人科研意愿，提升他们的科研热情。例如，有的教师说道："激励内容可以这样评估。假如你是以科研为主，那么你的学术论文就是A＋；如果说你强调社会影响力，那么发报刊文章也可以；如果你强调教学，就看你的教学视频在网上的影响力。把这些都综合起来，那还是可以的。我相信各有各的兴趣，如果在发展的过程中，能够把团队结合起来就会更好了。实际上，我觉得不管是薪酬激励还是职称激励，都是需要的。""当然奖励除了内部公平，还要有外部公平，比如和其他学校教师相比，他们的奖励是多少，那我们自己的情况也要跟得上。激励一方面是钱的问题，另一方面就是在职称竞争方面有没有倾斜性的问题。我觉得任何的奖励激励、创新激励都应该和这些挂钩。"

二、工作特征对高校教师科研热情的影响

研究发现，工作特征是高校教师科研热情形成的环境工作因素。具体而言，高校教师的本职工作、工作自主性、科研成果和职业发展能够激发其科研热情。

高校教师往往既从事科研工作，同时又肩负教学任务，需要培养学生。因此，高校教师的本职工作之一便是从事科研活动，他们在选择高校教师这个职业时就已经明确知道作为高校教师的工作任务是哪些，即高校教师在相当程度上认同其本职工作，这会激发其科研热情。调查发现，很多教师从事科研活动是基于本职工作的要求，然后就慢慢有了热情。如一些高校教师认为自己本来就是要做研究的，虽然在一个月里偶尔会有一些负面情绪，比如说投稿被拒，但是很快就会调整过来，因为这就是一份职业，自己需要去做这些事情。

工作自主性主要是指高校教师决定科研内容、方向、方法及获取科研资源上的自由和独立性。已有研究表明，自主性支持的工作环境能够激发个体的工作热情。有学者以教师为研究对象，发现工作自主性正向影响教师的和谐型工作热情，负向影响强迫型工作热情。研究发现，高校教师自主决定其科研内容、方向、方法等的工作特性，有助于其实现心理上的自由，进而激发其科研热情。在调查中，有教师提到其坚持科研并对科研保持较高热情的原因是其心理上的自由，如“我其实每天都来办公室，但如果要求我天天来，心里就不舒服了。我天天来是因为我自己想来，万一我有什么事情，我随时可以不来，但这种不来的时间很少。还有我做的研究，是我喜欢做什么，就跟着自己的想法去做，也没有人强迫我，做的内容也是可以选择的。”也有教师表示，其拥有科研热情首先是因为高校教师这个职业比较灵活和自由，不受他人太多约束，更像是自我管理，如：“你在任何企业里面，有可能碰到好的上司和不好的上司，会遇到好的顾客和不好的顾客，但是在学校，顾客就是自己的学生，每天都跟年轻人打交道，心态会特别放松，上面是没有老板的，其实就是自由职业者，就自己管理自己，而且有大量的空闲时间。尤其是有了孩子之后，在企业里请个假是很难的，但高校教师则完全可以自己支配时间。”“我很喜欢研究，不觉得研究是一件枯燥的事情，而且教师是一个很灵活的职业，时间很灵活。”“可能还有一个好处，就是相对自由和独立，没有领导盯你盯那么紧，自己做好自己就行了，自己沉淀积累，就会越来越好，就会更加自由。”

科研成果主要是指教师从事科研活动及其相关工作取得的成绩及其效益以及对科

研成果的所有权。已有研究更多地关注个体工作热情对其工作绩效等的积极作用，也有研究开始关注绩效对热情的影响。有学者通过长达 10 个月的三次调研发现，在经济衰退和萧条时期，创业绩效一般会下降，导致创业者的创业热情也会随之衰退。还有学者认为，员工在工作方面取得的成功能够对其工作热情产生积极影响。同样，笔者研究发现，高校教师从事科研活动及其相关工作取得的成绩、科研成果带来的效益以及对科研成果的所有权等都能够激发其科研热情。正如在调查中有教师说道："因为做实验认真了，成果出来就容易了，我的热情就更高涨了。""你不需要看别人脸色，所有的产出都是你自己的，当然这个产出不一定能转化为金钱，但是还是自己的，而且现在当教师收入也不差。""上课备课也是在提高自己，包括论文、国家给你的奖励，这些东西是跟着你走的，比如有一天你不想在这所学校待了，想去别的高校，这些文章是永远跟着你的，所以说是全部给自己打工。"

职业发展是指高校教师这个职业是职称导向的，为了满足科研考核要求、获得职称认可和社会尊重就必须从事科研活动。职业发展也是个体目标追求的一种方式，已有研究表明个体追求目标倾向会显著影响工作热情。具体而言，个体在实现目标过程中，会遵循行动导向和评估导向两种模式。行动导向是直接由当前状态转向新的状态，这种模式将激发和谐型激情；评估导向是个体先对当前状态和新状态的价值进行评估和比较，这便刺激了对预期结果可能性的外生体验和非自主性动机，将激发强迫型激情。研究发现，较多高校教师在选择从事高校教师这个职业的时候，就充分考虑到高校教师职业的发展需要，如有教师说道："我这个职业就必须以职称为导向，没有职称的话其他都是虚的，发表了再多的论文、拿了再多的项目，如果没有职称，那么其实等于说对自己而言，没有一个东西来认可你。""内在动机就是人在任何职位，如果不安于现状，就要有一个向上的职业发展需求。""我实际上是签了终身合同的，那么我为什么还要有动力，因为我还是有一个目标的。""职业生涯的目标是最重要的吧，这个目标可以带来一些东西，但最重要的是我想要去完成它。""在高校，我认为职称是一种认可，是一种自我实现。"

三、社会情境对高校教师科研热情的影响

社会情境是激发高校教师科研热情的社会环境因素。研究发现，重要他人和社会的认可容易激发高校教师的科研热情。重要他人主要是指父母、导师及专家等。已有研究发现，除了父母对活动的评价，导师和领域内的专家也能够激发高校教师的科研热情。例如，有教师说道："我的导师对我影响很大，他是一位很受人尊敬的老先生，他把我领进了科研大门，奠定了我做科研的基础，他经常跟我探讨问题，也进一步激发了我的科研热情。"

社会认可是指社会对个体社会行为的肯定性反应，表现为舆论的肯定和支持，团体的赞许和表彰，他人的夸奖和仿效及各种表示支持和赞许的表情、姿态、语气，等等。社会认可在个体的社会化过程中起着重要的指导作用。有研究表明，父母对活动的积极评价能够提高孩子对该活动的热情。有研究表明，学生、家人、社会等对科研活动及科研成果的认可与肯定有助于提高高校教师的科研热情。

四、科研认知对高校教师科研热情的影响

科研认知是高校教师基于自身认识和环境影响所形成的对科研活动的目的、意义和价值的认知与态度。有研究表明，个体对活动的认知能够影响其对该活动的热情。有学者研究发现，组织认同正向影响员工的和谐型和强迫型工作热情。还有学者研究发现，高校教师的科研认知包括科研意义、个人使命和科研自我效能感，这些容易影响高校教师的科研热情。

科研意义是指高校教师对科研重要性、科研促进个人发展等方面的主观性评价。科研意义包括三个部分：科研活动中的心理意义，如高校教师对科研活动是否有意义、有价值的判断；科研活动中的意义创造，如高校教师认为科研是其生活意义的重要来源、科研活动有助于自我成长等；强烈的友善动机，如高校教师认为科研活动及其成果对他人（如学生、家人等）、学院，乃至国家和社会具有广泛的积极影响。有研究表明，工作意义对员工工作满意度、工作投入等均具有积极影响。科研意义对高校教师的科研热情也有重要影响，如在工作过程中确实遇到一些问题，高校教师可用所学的知识进行研

究，以搞清楚问题的本质，寻找到解决办法。从工作本身来说，高校教师与初中教师、高中教师不同，高校教师需要站在科研的第一线，才能把最新的东西传授给学生。

个人使命是指高校教师视科研、知识创造等为个人使命，具有强烈的责任感。有研究表明，当个体工作受个人使命等驱动时，个人往往会将工作视为其人生中不可分割的一部分，其工作目的不完全是外在的经济收入或社会名誉，而是实现个人主观意义。将科研视为自我使命或对科研具有强烈责任感的高校教师往往能积极主动地从事科研活动，不为外部利益所左右，有较高的科研热情。有研究表明，不少教师的科研热情部分源于其对科研的使命感和责任感。

科研自我效能感是指高校教师相信自己有能力从事科研创新活动，并取得相应成果。自我效能感高的人，会给自己设置较高的目标，并且会有较强的完成目标的动机，情绪状态也会比较积极，还会主动选择一些富有挑战性的活动，以不断提升自己的效能感。有研究发现，高校教师的科研自我效能感高，其科研热情往往也比较高。

五、科研情感对高校教师科研热情的影响

科研情感是指教师对科研内容、过程或者活动本身的情感反应。笔者研究发现，高校教师的科研兴趣、享受过程的乐趣、享受成果的喜悦等有助于提高其科研热情。

科研兴趣是个体对科研活动的积极情感。一方面，科研兴趣可以是天生的、与生俱来的；另一方面，科研兴趣可能是反复接触和了解科研活动后，随着自身科研知识的不断积累而逐渐发展形成的。科研兴趣包含对科研活动本身感兴趣的直接科研兴趣和对科研活动产生的结果感兴趣的间接科研兴趣。直接科研兴趣源于教师的好奇心和求知欲，是教师探索未知科研问题、挑战全新科研领域过程中所产生的兴趣。间接科研兴趣源于教师对科研活动产生的结果的认识，是教师对科研活动带来的职称、社会认可、科研奖励等结果所产生的兴趣。这两种类型的兴趣产生的原因虽然不同，但是作为一种重要的内在推动力，科研兴趣促使教师积极主动认识、探索科研，并持续参与科研活动。热情的第一个判定条件是个体对某一活动充满强烈的积极情感。如果一位高校教师能在科研活动的过程中感受到快乐、满足、喜悦等积极情绪，往往具有较高的科研热情。

享受过程的乐趣主要是指在从事科研活动的过程中感到开心和快乐。

享受成果的喜悦主要是指科研活动的产出或效益让人兴奋和开心。心理学家罗伯

特·瓦罗朗德（Robert Vallerand）等在提出热情的定义时，提出热情三要素之一是对所从事活动的喜爱。后续学者在对工作热情和特定情境下的创业者热情的定义中则提到员工或创业者对工作或创业活动的热爱源于喜欢。聚焦到特定情境下的创业者热情，有学者认为，创业者的创业热情除了其对创业活动的喜欢，也可以是创业活动本身或过程或结果让人兴奋。还有学者认为，员工的工作热情源于其对工作的喜欢、兴奋，在工作过程中能体会到乐趣等。

六、科研意愿对高校教师科研热情的影响

科研意愿是指个体在特定的承诺目标上以某种方式行动的倾向。人的行动是由某些类似于精神表征的东西所引导的。研究发现，高校教师的科研意愿对科研热情有重要影响。科研投入主要指教师投入时间和精力等参与科研活动的倾向。

有学者认为，行为导致结果，随后对结果的评估过程导致情感体验。笔者研究发现，适当的科研投入有助于提高高校教师的科研热情。

科研主动性指教师积极主动地去研究、探索感兴趣或好奇的问题或观点的倾向。科研主动性强的教师，往往更容易就现实或理论问题付诸科研行动，进而提高科研热情。而那些缺乏主动性的教师，对科研的热情可能只停留在精神层面上，往往不付诸行动。笔者研究发现，高校教师的科研主动性对其科研热情有重要影响。

七、影响因素之间的逻辑关系

笔者认为，高校教师科研热情形成的环境因素和个体因素的逻辑关系主要涉及以下几方面：

第一，按照组织特征、工作特征和社会情境，环境因素可分为三大类。这三大类环境因素既相互独立，单独影响高校教师的科研热情，又可以相互结合影响高校教师的科研热情。环境因素可能会直接影响高校教师的科研热情，但多是通过影响高校教师的认知、情感或意愿进而影响科研热情。

第二，个体因素主要有科研认知、科研情感和科研意愿。在科研认知方面，当教师

基于自身认识和环境影响形成了对科研活动目的、意义和价值等的积极评价时，往往有较高的科研热情；在科研情感方面，当教师对科研有积极的情感，往往有较高的科研热情；在科研意愿方面，当高校教师对科研活动具有较强的主动性或愿意为之投入时间、精力等时，往往有较高的科研热情。

第二节　高校教师科研热情的阻碍因素

笔者对高校教师科研热情的阻碍因素进行了研究和整理，发现经济压力、考核制度、财务报销、教学任务和科研压力等因素在一定程度上阻碍了高校教师科研热情的产生和提高。

一、经济压力对科研热情的阻碍

在访谈中，不少高校教师（尤其是青年教师）都提到经济压力。经济压力对许多高校教师都有影响。一些高校教师迫于经济压力，无心科研，整天都在想着如何赚钱、提薪等。有教师表示："因为我自己比较喜欢这份工作，反正在这个大环境下，给这么多也只能接受。但是有很多教师，有经济压力，这点收入就不太行。""首先我觉得激励创新得解决大家的生活问题，就是让大家不会为了生计去外面到处讲课，或者做一些跟科研没有关系的事。所以说，我觉得起码要让教师过上一个比较体面的生活。"调查还发现，青年教师除了经济压力，还面临着科研资源和平台等压力。有教师表示："应该多去问问中青年教师，他们现在是压力最大的。如果学校可以的话，应该多给中青年教师一点帮助，特别是年轻教师。""感觉学校里面很多资源不向年轻教师倾斜，年轻教师能做的项目比较少。"

二、考核制度对科研热情的阻碍

在访谈中，笔者了解到许多教师对其所在学校的考核制度和激励制度等都还算满意，但也有些教师认为其所在单位当前或者之前的考核制度或激励制度，不仅不能激励自己进行科研，反而有一定的阻碍作用。有教师表示："如果说要激励高校教师出更多成果的话，我觉得最直观的一点还是要调整考核制度。拿我们学院来说，刚开始其实并不太注重科研奖励这一块，这方面的制度也不太完善。所以，很多年轻教师过来以后不愿意做科研。我认为，可先从制度这块开始调整，优先调整奖励制度和考核制度。奖励除了内部公平以外还要有外部公平，比如和其他学校教师比，我们的奖励要和他们差不多。激励一方面是钱的问题，另一方面就是在职称竞争方面有没有倾斜性的问题。我觉得，任何的奖励激励、创新激励都应该和这些挂钩。""像我们学校这种科研考核和科研激励，实际上受众面是比较小的。例如发论文奖励，规定 A、B 类刊就有奖励，C 类刊奖励很少，D 类刊就没有奖励，但是 A、B 类刊每个学科就那么几种，非常少。大家都急着往那上面发，能发的人毕竟有限，所以说这种比较激励机制，难以充分调动教师的积极性。许多教师即使很努力，也无法在 A、B 类刊上发表文章。""教学方面我觉得规定得太死了，比如出题必须出哪几种类型，必须给标准答案，标准答案必须具体到给多少分。随着高校教师的学历越来越高，素质越来越高，我觉得管得太死，这样反而会影响到教师的创新。""我们现在的评价体系里面，好像没有一个体系是促进大家交流的，包括团队的绩效怎么算等，如果只认第一作者，那你的机会就很少。如果都认的话，大家肯定更愿意合作。那团队的交流就可以更广，也更容易把整个学校、学院的氛围带起来。"

三、财务报销对科研热情的阻碍

不少高校教师都有提到他们在财务报销方面花费的时间和精力较多，这极大削弱了他们科研的积极性和热情。有教师表示："学校应制定一些好的科研制度，让教师多动脑子去搞课题研究，而不是费神去报销。因为报销这个事，我都不想再申请课题了。""我觉得文科的科研和理工科的还不一样，因为我们没有实验室，其实大部分的投入都是教师自己的时间和精力，但是学校又不给教师相应的劳务费，我觉得是不合理的。”“还有财务方面让我们多一点自主，让报销更简单一点。”“比如说科研经费报销还是有一些问题。现在有一个改进，就是劳务支出可以占科研经费的50%。那等于说是承认脑力劳动者应该有成本的。我觉得很多东西都可以简化处理，做项目很多都是脑力消耗，像实验室报销都是大型设备，二者完全不一样，但是这两个报销却走一样的流程，就很奇怪了。”

四、教学任务对科研热情的阻碍

对于教学与科研的关系，笔者在访谈中发现存在两种观点：一种观点是教学与科研是相辅相成的，科研过程或科研成果中的新知识、新内容可以用于教学，有利于教学质量的提高；在教学过程中，学生的肯定和积极反馈等有助于提高教师的成就感和主动性，进而提高其科研热情。有教师表示：“在学校的话，每天都跟年轻人打交道，心态会特别放松。”另一种观点是，如果教学工作任务多，教师往往没有多余时间用于科研，这在一定程度上削弱了教师的科研热情。有教师表示：“就现有的人员来讲，我们的本科生比较多，硕士点也比较多，设了好多硕士点，这样教师的教学工作量就会比较多，科研时间就会变少。其实，对于新进的博士来说，最重要的就是发论文。但是，他们也需要完成相应的教学任务，这就需要花很多时间。所以，他们没有时间用在科研上面。对他们来讲，科研的压力就特别大。”“第一，很多教师经常反映时间不够，主要是教学工作量很大，还有很多行政性的事务。”“现在上课上多了觉得很累，状态不是很好，就不利于研究。其实两方面都焦虑，一方面是研究很焦虑，另一方面上课也没有享受到上课的乐趣。”

五、科研压力对科研热情的阻碍

压力与热情的关系同教学与科研的关系类似：适度的压力有助于提高高校教师的科研动力，进而提高高校教师的科研热情；过大的压力则会削弱高校教师的科研热情。有教师表示：“压力和兴趣就是天平的两边，是此起彼伏的，比方说你的兴趣足够浓厚，你是可以抵抗那个压力的，你的兴趣不够浓厚的话，你就会屈服于压力。”“我觉得热情和压力应该是相互的。适度的压力能促使你去做某件事情，可能你就慢慢喜欢上了这件事情，然后就会产生做这件事的热情。压力太大的话，你很难喜欢这件事，自然也谈不上什么热情了。不过，压力的尺度是很难把握的。”“当前的科研压力不会挫伤我的科研积极性，我觉得压力和积极性之间没有必然的联系。因为科研积极性是内部的，尤其是成年人。对于成年人而言，压力和积极性应该没有必然联系。相反，一定的压力还能提高我科研的积极性。所以，就我个人来讲，比如说必须申请自然基金，是有压力吧，但是我还是会申请。”从访谈中，笔者了解到，当下部分高校教师认为其面临的科研压力很大，有的甚至影响到其身体健康等，从而导致其科研热情消退，甚至萌生了不想再从事科研活动的想法。在调查中，笔者也注意到，不同年龄段的教师对于科研压力和科研热情关系的理解存在差异。有教师表示：“至于现在的工作压力，应该分不同的年龄段。我现在看得比较开，因为经历过，其实现在压力没有以前大了，工作热情还是有的。评上教授以后，其实也要看处于什么阶段，比如说如果还年轻，刚评上教授，因为还有一个向上的空间，如二级教授、三级教授、四级教授等，就会往上冲。据我观察，我们学院的教授，他们压力还是很大的。我觉得可能现在五十岁以上的教授没有那种特别想往上冲的压力了。”“领导是按照学院绩效目标来考核的，他不会仅仅根据学生认可你就决定考核结果，你还得拿出东西来。对我来说，还是得慢慢积累。我的兴趣比我要实现那个目标更重要，若我积累到那个程度，该上就上。这也和年龄有关系。我不到这个年龄，我是感受不到的。”

第三节　提高高校教师科研热情的措施

高校是人才培养的摇篮、科技创新的重镇、文化传承的高地，始终站在推动科技进步的最前线。党的十八大以来，我国高校科研创新能力全面提升，科研成果不断涌现。高校获得了60%以上的国家科技三大奖励，承担了全国60%以上的基础研究、80%以上的国家自然科学基金项目；对接国家重大战略需求能力增强，参与研制超级计算机、神舟系列等国家利器；服务经济社会发展效力提高，为高铁、核电、生物育种、疫苗研发等提供关键技术，已成为创新驱动发展的重要策源地。因此，提高高校教师的科研热情是很有必要的。

一、扩大高校收入来源，提高薪酬水平

调查发现，现有高校教师的总体薪酬水平不高，薪酬满意度一般，薪酬缺乏外部竞争力。高校教师普遍认为自身的收入水平较低。薪酬水平直接影响了高校教师的专业满意度、学术产出和科研等。有竞争力的薪酬是高校吸引、激励和稳定人才，提高高校教学科研能力的重要途径。随着几次薪酬制度的改革，高校教师的收入已有了一定程度的提高。与国外发达国家高校教师的薪酬相比，我国高校教师的薪酬还存在一定差距。笔者认为，扩大高校收入来源，提高高校教师薪酬水平是很有必要的。

近年，随着新管理主义和学术资本主义在高校组织管理制度中的渗透，高校经费筹措的外部市场依赖度的提升，高校教师薪资越来越受制于院校或学科所处的外部资源市场和内部组织绩效。

与此同时，大量研究表明，当前我国高校教师薪资陷入结构性矛盾。一方面，高校教师薪资水平较低，教师经济待遇在很大程度上取决于科研、社会服务等非教学行为产生的外部报酬；另一方面，地区间、院校间、学科间薪资差异日益扩大。

伴随着改革开放以来高等教育管理体制改革的不断深入，我国高校教师工资制度从中华人民共和国成立初期高度统一、集中管理的全国统一工资制度逐步向市场导向、绩效导向、能力导向的薪资报酬体系转化。纵观教师工资制度的历次变革，随着薪资决定机制中高校自主权的逐步增强，高校教师薪资已形成了鲜明的二元化结构特征。具体而言，虽然工资的制度制定、标准调整等决策权集中于中央政府，但随着国家统一的制度工资在教师薪资收入中所占比重的快速下降、教师所在院校或学科院系创收来源所决定的津贴、奖金比重的不断提升，全国统一工资制度的功能开始下降。由此形成了国家工资分配制度和校内工资分配制度并存的二元化结构特征。

尽管已逐步摆脱了传统的、高度集权的计划经济体制，现行的高校教师薪资制度依然面临诸多困境。例如在制度设计方面，薪资制度存在着如下问题：以职务、职称和资历为中心，对内激励不足；薪酬激励机制存在短视性缺陷，导致部分教师学术行为扭曲；薪资制度设计不利于教师团队合作。此外，由于区域经济发展的不均衡，教师薪资的区域差异和院校差异受到决策者和研究者的广泛关注。

提高高校教师的薪酬水平，既要增加政府财政的投入，又需要进一步发挥市场的作用，扩充高校资金来源。笔者认为，可从以下几点着手：

第一，积极发展校办企业。校办企业即由学校创办或控股的以盈利为目的的企业。这类企业挂有××学校的名号，但一般有其独立的管理与核算系统，不与学校的行政系统挂钩，只是在业绩上会上缴全部或部分利润给学校。在我国的高校中常见校办企业有某某大学出版社、某某大学水厂等。我国校办企业经历几十年的发展，取得了一定的成绩，特别是涌现了如清华同方、北大方正等一大批成功的上市公司，这些公司不仅促进了区域经济的发展，同时也成为高校创收的途径。

第二，面向市场的有偿社会服务。面向市场的有偿社会服务指高校在完成自身教学任务的同时，充分发挥自身教育及智力资源优势，通过联合办学、短期培训、能力提升班等方式，为社会提供教学等服务，从而增加收入来源。

第三，与产业合作科研项目。与产业合作科研项目是指高校利用自身的资源和科研优势，充分发挥人才优势，加强与产业的合作，以获取收益。

第四，科技成果转化。科技成果转化是指高校对科研与技术开发所产生的具有实用价值的科技成果所进行的后续试验、开发、应用、推广直至形成新产品、新工艺、新材料，发展新产业等活动，这增加了高校的收入来源。

第五，积极组织社会捐赠。社会捐赠是国外高校重要的资金来源，近几年来，国内高校也开始重视社会捐赠，但相比国外高校，社会捐赠占高校资金来源的比重较低。

高校通过多种途径增加收入，一方面为高校薪酬体系改革提供了资金保障；另一方面也提高了高校的社会服务能力，提升了高校的知名度和美誉度。

由于不同高校或同一高校内不同院系的创收能力存在较大差距，虽然现在的绩效薪酬体系下，院系的自主权大幅降低，但其可支配的资金仍然与其创收能力相关。笔者通过访谈也发现，高创收院系教师的收入比低创收院系教师的收入要高。针对院系与院系的差距，高校需要利用财政工具合理控制差距，一方面不影响各个院系创收的积极性，另一方面保障低创收院系教师的收入水平。

二、薪酬制度创新，打破原有瓶颈

（一）探索宽带薪酬制度，打破职称晋升的唯一路径

人力资本是通过对人力的投资而形成的以人的高智能和高技能为基本存在形态的资本，表现为人的能力和素质。现有高校教师队伍中，博士占了很大比重，特别是青年

教师队伍，绝大部分青年教师都具有博士学位，部分教师还具有海外求学的经历。这些青年教师具有良好的综合素质与科研能力，能站在学科发展的前沿，知识结构更新得也快。高学历是当前高校教师人力资本的最大特点，而高学历的背后需要时间、智力、财力等方面长时间的高投入，所以高校教师的薪酬应该体现出高校教师人力资本成本的投入。通过调查，笔者发现，现有高校教师的收入仍是以职务、职称和资历等为中心。刚进入高校的青年教师，一方面处于工作起步阶段，需要更多的时间、智力、精力的投入；另一方面尚未取得高级职称，收入水平处于高校教师队伍的中下层，因而其人力资本价值未能得到很好的体现。访谈中部分中年教师也提出，青年教师知识更新速度快，但也面临着生活压力大、薪资水平低的现状。因此，高校薪酬体系要考虑青年教师的情况，保障青年教师的收入，以提高其工作积极性。此外，部分教师提出应淡化职称概念。针对这种情况，笔者建议引入宽带薪酬制度。

宽带薪酬制度又称海氏薪酬制度，是由美国管理学专家艾德华·海（Edward Hay）于 1951 年研究开发出来的，是指对多个薪酬等级以及薪酬变动范围进行重新调整，取消原来狭窄的工资级别带来的工作之间明显的等级差别，将每个薪酬级别所对应的薪酬浮动范围拉大，从而变成相对较少的职等以及相应较宽的薪酬变动范围，让每个员工对应的不再是具体的薪酬数值，而是一定的范围。我国高校教师职称等级数量设置较少，故可将职称等级设为带宽，将每个带宽所对应的薪酬浮动范围扩大，并科学评估以确定工资带间的分界点，建立与带宽制度相匹配的评价体系，建立起基于能力和业绩的薪酬体系以及科学合理的薪酬制度安排，克服传统薪酬结构中绩效薪酬所占份额较少的缺点，淡化职称对收入的核心作用，在一定程度上提高青年教师的工资水平。

（二）探索协议工资制度和长聘教职制度

《事业单位工作人员收入分配制度改革方案》规定：“1.中国科学院院士、中国工程院院士以及为国家做出重大贡献的一流人才，经批准，执行专业技术一级岗位工资标准。2.对有突出贡献的专家、学者和技术人员，继续实行政府特殊津贴。3.对承担国家重大科研项目和工程建设项目等为我国经济建设和社会发展做出重要贡献的优秀人才，给予不同程度的一次性奖励。具体办法另行制定。4.对基础研究、战略高技术研究和重要公益领域的事业单位高层次人才，逐步建立特殊津贴制度。对重要人才建立国家投保制度。具体办法另行制定。5.对部分紧缺或者急需引进的高层次人才，经批准可实行协议工资、项目工资等灵活多样的分配办法。具体办法另行制定。”

在高校调研中，笔者发现部分高校已经开始试行协议工资制度，即“年薪制”和“长聘教职”制度。上海财经大学于2004年开始实行“双轨制”，对高水平人才实行“长聘制”和“年薪制”，对一般教师实行传统的岗位聘任制，双轨之间可以转化，普通教师如果达到一定的要求，也可以申请“年薪制”。上海交通大学、同济大学、复旦大学也都开始探索和尝试协议工资制度。上海交通大学从2010年开始启动分类发展改革和薪酬体系改革，其长聘教师体系明确规定，新入职长聘教职的助理教授前三年教学工作量可以减半，以确保青年教师在学术起步阶段有足够的时间和精力从事科研创新活动。教师三年后想获得晋升长聘教职的资格，须根据学科特点达到每学年一定学分的教学工作量，并且在评教时应达到优良。长聘教职的副教授晋升为教授，也要满足授课课时和质量的要求。这样既满足了长聘教职教师的科研需要，也保证教师回归教学本质。同济大学的长聘制实行“3年+3年”的考核制度，三年一小考，六年一大考，六年期满，如果未能晋升副教授，则不再聘用，如果教师三年考核情况不佳，也会提前终止聘期。从访谈中笔者还发现，在这样的长期考核聘任制度下，青年教师的科研压力相对变小，不必急于出成果，这也更有利于创新积累。同时，长聘制的薪酬比一般聘任制高，从而使青年教师的工作和生活更加稳定，这也有利于科研。

三、科学设置岗位，实行分类管理

笔者通过问卷和访谈发现，现有高校中传统岗位分类模式仍占主导地位，主要岗位包括教学（科研）岗、教学辅助岗、党政管理岗、工勤技能岗等。也有高校尝试新的岗位设置，如建立教学岗、科研岗、教学科研并重岗等，不同岗位采用不同的考核办法。笔者在访谈中发现，不同教师因自身能力、兴趣等，对教学或科研的投入会有所差异，取得的绩效也不同。有些高校现有考核体制存在一刀切的问题，对教师既有教学考核也有科研考核，使得偏好教学的教师还要疲于科研，而偏好科研的教师则忙于教学。高校应根据院系的定位和不同教师的特点，建立不同系列的岗位，并结合不同岗位的智力劳动特点实行分类考核，建立有针对性的分配政策，探索知识价值的有效实现方式。

例如，清华大学根据研究型大学的教学、科研、服务并重的定位，将教师队伍划分为教学-科研系列、教学系列和研究系列，并根据不同系列的岗位特点和职业发展要求设计不同的薪酬制度。教学-科研系列的教师逐步实行“年薪制”，其他岗位系列实行工资加绩效的薪酬体系。北京大学也实施教学科研职位分系列管理和聘任制度，对教学科研职位按照三个系列进行管理，即教学科研并重系列、教学为主系列和研究、技术为主系列，制定不同的评价标准，实行不同的支持模式，鼓励各系列教师立足本职岗位充分发挥作用。

现有高校正在不断探索建立不同岗位及考评机制，但不同岗位的薪酬结构和水平相差不大，仍存在一定程度的一刀切问题，无法体现不同智力劳动的特点。因此，高校更要探索针对不同岗位的分类薪酬体制，体现对不同智力劳动的激励，探索不同知识价值的有效实现方式。这需要高校有更高的自主权。

不同岗位的创新方式、创新过程和创新结构存在差异，对不同岗位设置不同的分配方式，可使薪酬激励更有针对性。首先，按照职能定位和发展方向，制定以实际贡献为评价标准的收入分配激励办法，突出业绩导向，建立与岗位职责目标相统一的收入分配激励机制，合理调节教师、实验设计与开发人员、辅助人员和专门从事科技成果转化人员等的收入分配关系。对从事基础性研究、农业和社会公益研究等研发周期较长的人员，收入分配实行分类调节，通过优化工资结构，稳步提高基本工资收入，加大对重大科技创新成果的绩效奖励力度，建立健全后续科技成果转化收益反馈机制，使教师能够潜心研究。对从事应用研究和技术开发的人员，主要通过市场机制和科技成果转化业绩实现激励和奖励。对从事哲学社会科研的人员，以理论创新、决策咨询支撑和社会影响作为评价的基本依据，形成合理的智力劳动补偿激励机制。对专职从事教学的人员，把教学业绩和成果作为教师职称晋升、收入分配的重要依据。同时，适当提高基础性绩效工资在绩效工资中的比重，加大对教学型名师的岗位激励力度。对高校教师开展的教学理论研究、教学方法探索、优质教学资源开发、教学手段创新等，在绩效工资分配中应给予相应倾斜。

四、推行绩效管理，科学有效激励

调查发现，除少部分海归青年教师实行六年期考核制度外，大部分高校教师仍以传统考核方式即一年为周期的考核为主，考核周期较短。由于科研过程的专业性、严谨性和长期性，因此科研活动需要教师长时间的投入，特别是高质量的创新过程，如一篇高水平的论文，往往从量变到质变需要长时间的积累。有些教师认为，为了应付一年一次的考核，需要将尚未成熟的研究想法急于实现，这就容易出现“短平快”的现象，且无法取得高质量的成果。部分教师反映考核论文时规定期刊的范围太窄，使得发论文时太有目标性，限制了教师的科研选择。还有部分教师明确提出考核标准应提前商定好且因人而异。

绩效管理是指管理者与员工之间在目标与如何实现目标上达成共识，在此基础上通过激励帮助员工取得优异绩效从而实现组织目标的管理方法。绩效管理是一个系统，具体包括绩效计划、绩效实施、绩效考核、绩效反馈和绩效结果的应用等。绩效考核实际上是绩效管理的一个环节，如果用简单的绩效考核来代替绩效管理，容易造成为考核而考核的局面，这对高校创新的发展是不利的。

因此，高校应运用绩效管理的理念来制定绩效考核标准。在绩效计划阶段，可让教师参与其中，结合学校、学院和个人目标探讨本人下个考核周期的科研和教学工作内容、应达到的程度、衡量的标准和完成的时限，如教师的考核期时长、论文数量、期刊类别等。不同等级的学校和学科，科研型教师和教学型教师的考核标准也可有所不同。高校制定好绩效考核标准后，应与教师达成共识并签订绩效合约，使之成为教师的努力方向和考核依据。在绩效考核阶段，高校可依据绩效合约和教师在工作中的实际表现进行结果考核和工作行为评估。在绩效反馈阶段，教师和学校通过绩效反馈面谈，分析本考核期的优缺点，制定绩效改进计划，并协商下个绩效期间的目标和考核标准。另外，绩效考核结果可应用于薪酬的调整与分配、培训与开发、职称的变动等，还可为其他过程提供反馈信息，如人力资源规划等。

绩效管理理念在高校的应用有助于解决当前短期固定考核制度的弊端。在这种理念下，考核将更重视实际工作业绩和贡献；考核标准可因人而异且最大限度地反映每个人的实际成果；对于创新成果周期较长的专业和岗位，可适当设置长周期。这样避免了一刀切，也能更好地发挥不同类型教师的特长。

五、重视内在薪酬，提升科研热情

根据现代激励理论可知，激励包括物质激励和精神激励。在高校教师薪酬管理中，不单要重视物质薪酬的激励，更要重视精神激励。调查发现，大部分教师对经济收入的敏感度不高，换言之，许多人选择这个职业并不看重经济收入，而更重视职业的满足感，特别是职称晋升中，经济收入提高动机是次要的，主要动机是职业发展、职业尊重。相比于经济收入，教师更看重职称带来的名誉和身份。

首先，根据双因素理论，高校教师内在薪酬的激励要建立多层次、多维度的激励模式。韩兰娟在早期对教师内在薪酬激励的研究中指出，设计内在薪酬应关注教师发展的多元需求，关注高校教师的不同需求是很有必要的。同时，笔者通过调查问卷和访谈结果也发现，高校教师对于内在薪酬的需求是不同的，处于不同职业发展阶段和心理发展阶段的教师具有不同的需求。因此，应注重分析这些教师所处的不同需求层次。吴秀林等在对高校教师薪酬激励效应的内在机理研究中也指出，高校教师的内在薪酬影响要素分为不同类型。只有将不同类型的高校教师和其不同需求进行多层次、多维度的综合分析，因地制宜地进行内在薪酬激励，才能做到对症下药，激发高校教师的创新热情。

其次，内在薪酬应该更加注重灵活性，这就要求给予相应制度一定的弹性调节空间，从而增强高校教师的自主性和自由性。笔者通过研究发现，内在薪酬和高校教师的个体内在动机的激发之间联系密切。而内在动机又是创新热情的主要来源。有了这个动机，高校教师往往会更倾向于创新。很多教师因为所获得的内在薪酬上的公平性和约束性问题，降低了创新热情。许多高校教师反映，内在薪酬激励需要公平和灵活，这与韩兰娟的早期研究相似。韩兰娟指出，内在薪酬激励坚持公平程序和灵活原则是内在薪酬设计的关键。因此，坚持公平程序和灵活原则，可以使得内在薪酬更好地激发高校教师内在动机，提高高校教师的创新热情。

最后，在制定有关内在薪酬相关激励制度方面，也应具有针对性。内在薪酬本身与人的意识和感知联系密切，因此研究在一定情境下使用内在薪酬的作用颇具现实意义。通过对企业的研究，笔者发现，外在薪酬水平对员工工作努力程度的作用效果呈 U 形关系，即外在薪酬对于员工的作用效果呈现两头式。针对外在薪酬对于员工的作用效果极其微小的一端，如果能够将内在薪酬进行更具针对性的设定，对于整个高校教师总体的工作和科研热情会有极大的正面影响。通过问卷调查，笔者发现，高校教师的薪酬满意度与其科研产出呈 U 形关系，科研压力与激励政策对高校教师科研热情的形成具有两面性，这些都说明对高校教师的激励不能单纯地考虑外在薪酬激励，更要考虑内在薪酬激励，同时尽可能地保证科研压力与科研热情之间的平衡。

内在薪酬的主要维度包括情感、尊重、自我实现等。

情感维度主要是指友情和归属感，在高校科研活动中可以是团队关系、团队精神、同事关系等。

尊重维度主要指内部尊重和外部尊重。内部尊重指个体希望在各种不同情境中有实力、有信心、能独立自主；外部尊重指个体希望有地位，能受到别人的尊重和高度评价。

自我实现维度包括工作的挑战性、创新性，能获得学习机会、晋升机会、个人发展机会等。

根据内在薪酬的维度，结合高校科研工作的特征，笔者建议从以下几方面提升内在薪酬：

第一，提高归属感，关注情感需求。科研工作的特点决定了高校教师工作压力大，而建立良好的沟通氛围、和谐的人际关系等，能够提高教师的归属感，使其专心进行科研工作。所以，院系管理部门应给科研团队内部、教师之间创造更多沟通交流的机会，提高其归属感，关注其情感需求。

第二，充分信任，肯定成绩，表彰优秀。高校教师的受教育程度较高，对自尊有较高层次的需求。高校和相关院系主管部门应充分信任和尊重教师，对其成绩给予充分肯定，在其取得成果时进行表彰，给予其精神上的奖励。在建立绩效考核指标时，高校和相关院系主管部门应尊重教师的意见，坚持公开、公正、公平的原则。

第三，提供更多机会，提高教师的创新热情。高校教师有强烈的追求自我实现的动机，希望通过各种途径发展自身能力、拓宽视野，而不断学习是其中的一条有效途径。高校中虽然也有一些交流学习的机会，但难以惠及绝大多数科研工作者。知名度一般、资源较少的高校，能提供的交流学习的机会更少。高校应拓展资源，提供更多学习、交流和培训的机会。

六、拓宽税收政策支持，增加科研红利

要想高校教师做出较大科研成果，国家及各级地方政府需要给予更多的政策支持，主要包括以下几点：

（一）提升个人所得税减免支持力度

现有对教师个人所得税的减免主要集中在国际和国家级奖励、国家特殊津贴等，难以惠及一般科研工作者。江苏省对做出突出贡献的专家奖励免征个人所得税是一种有益的尝试。国家在制定新的个人所得税政策时，应该充分考虑到税收对科研创新活动的激

励，降低或取消取得较大科研成果教师的个人所得税，减免科研经费中用于教师劳务支出和绩效部分的个人所得税，对国家重点发展领域的人才给予一定的个人所得税优惠。

（二）科研活动中税收支持

在科研活动中，对于一些高端设备仪器的购置，国家可给予一定的税收支持，特别是国家急需发展的领域。

（三）科技成果转化税收支持

国家已经出台多项对科技成果转化税收支持的要求和意见，地方政府及相关税务部门应尽快出台细则，切实对科技成果转化给予相应支持。同时，在科技成果产业化过程中，初始投入的成本往往较高，国家可给予一定的税收优惠，以吸引更多产业参与技术成果转化。

七、放宽经费管理限制，规范经费使用，提高科研效率

调查发现，高校教师对科研经费管理的意见比较突出，许多教师对科研预算设置复杂、劳务费设置不合理、财务报账程序烦琐、财务管理制度僵化等问题的意见较大。有教师认为，搞科研时，财务报账占用了自己大量的时间和精力。不同学科的科研对科研经费的使用侧重点不同，科研经费预算的设置应该考虑不同科研过程的需要，以真正发挥科研资金在知识价值分配中的激励作用。

（一）减少预算限制，提高经费使用自主权

《关于进一步完善中央财政科研项目资金管理等政策的若干意见》（以下简称《意见》）提出："坚持'放管服'结合。进一步简政放权、放管结合、优化服务，扩大高校、科研院所在科研项目资金、差旅会议、基本建设、科研仪器设备采购等方面的管理权限，为科研人员潜心研究营造良好环境。同时，加强事中事后监管，严肃查处违法违纪问题。"《意见》还提出："简化预算编制，下放预算调剂权限。根据科研活动规律和特点，改进预算编制方法，实行部门预算批复前项目资金预拨制度，保证科研人员及

时使用项目资金。下放预算调剂权限，在项目总预算不变的情况下，将直接费用中的材料费、测试化验加工费、燃料动力费、出版/文献/信息传播/知识产权事务费及其他支出预算调剂权下放给项目承担单位。简化预算编制科目，合并会议费、差旅费、国际合作与交流费科目，由科研人员结合科研活动实际需要编制预算并按规定统筹安排使用，其中不超过直接费用10%的，不需要提供预算测算依据。”笔者认为，高校可以参考《山西省科研项目经费和科技活动经费管理办法（试行）》，采用“分类定额资助”，探索“合同制”等经费管理方式，对科研经费真正松绑，但松绑的同时要制定更规范、严格的经费使用监督制度和负面清单制度等。

（二）减少程序流程，提高经费使用效率

高校可减少程序流程，优化科研项目申请、财务报销等程序，减少中间环节。一是增加网络办公和信息化、自动化的处理流程，减少科研经费报销的程序，减少以往教师需要在多个部门跑的烦琐程序，减轻其负担。二是建立科研助理及其他科研辅助岗位制度，使这些人员专门从事科研服务工作，减少科研工作者的非科研活动投入。

（三）肯定科研劳动价值，提高教师积极性

科研工作是脑力劳动，不仅需要充分肯定教师的劳动投入，而且应给予其劳动付出一定的回报。原有的科研经费管理制度限制劳务费的比例和开支范围，这不利于对科研工作人员的激励。高校可在国家法律法规允许范围内，对科研工作者的脑力投入予以一定回报。针对不同科研的智力投入差别，高校可确定不同的劳务费开支比例，同时放宽劳务费开支范围。

科研经费使用中，项目主持人是否可以支取劳务费，这是一个存在较大争议的问题。现有科研经费管理办法大多是依据《意见》制定的。《上海市科研计划项目（课题）专项经费管理办法》对科研项目主持人是否可以领取劳务费没有做明确说明，但规定，“劳务费：是指在项目（课题）实施过程中支付给项目（课题）组成员、因科研项目（课题）需要引进的人才以及临时聘用人员的劳务性费用。劳务费支出控制在申请专项经费支出总额的30%以内；对于基础研究类、软科学类和软件开发类等项目（课题），劳务费支出总额控制在申请专项经费支出总额的 50%以内。引进人才以及临时聘用人员的支出标准在不突破该项目（课题）劳务费支出总额的前提下，由项目（课题）承担单

位编制确定。通过公开竞标获得的科研项目，劳务费不计入单位绩效工资总量。”《北京市科技计划项目（课题）经费管理办法》明确规定：“财政供养人员不得列支劳务费。”而项目主持人在整个科研过程中付出的劳动最多，如果劳动价值不能得到体现，会在一定程度上影响教师的积极性，特别是一些高级职称教师申请项目的积极性将会受到影响。笔者在访谈中也发现，有评职称需求的高校教师仍然有较强的申请科研项目的动力，而少数具有教授职称的教师，由于科研经费限制过多，也没有评职称的压力，故缺乏申请科研项目的动力。放开对项目主持人支取劳务费的限制，能在一定程度上激发有着丰富的科研经验和专业素养的高职称教师的科研动力。针对项目主持人是否可以支取劳务费，笔者认为，应该做进一步论证，但应肯定其劳动价值，以提高其科研积极性。

（四）加大对青年教师的支持力度

科研项目的申请需要看申请者以往的研究成果，甚至有些科研项目有职称要求，这在一定程度上限制了青年科研工作者申请科研项目。科研活动需要激情和活力，青年教师更容易突破原有框架限制。但科研活动也有很多不确定性，需要给予青年科研工作者较为宽松的环境。因此，在科研项目申报中，应尽量减少对青年科研工作者的限制，增加对其的科研资助力度，减少执行中的检查评价，营造“鼓励探索、宽容失败”的环境。

（五）推进科研成果评价和奖励制度

改革完善科研成果的评价制度。科研过程有其自身的规律，科研评价最终是为科研过程服务的，因此科研评价应遵循一定的规律，不能本末倒置。科研成果的评价存在导向性，会对科研过程产生一定的影响。科研评价要符合科研规律，同时要重视对科研过程的评价，不能单以结果为唯一评价标准，科研评价制度要“宽容失败，允许失败”。

建立对科研成果的奖励制度。对科研成果的奖励是对科研成绩的肯定，也是对科研过程的激励。在完善科研评价制度的同时，建立对科研成果的奖励制度。高校可制定导向明确、激励约束并重的评价标准，充分调动项目承担单位和教师的积极性和创造性。

第六章　高校科研绩效考核与激励问题研究

当前全球竞争格局面临深刻变化，新一轮科技革命和产业变革与我国社会主义现代化强国建设进程形成历史性交汇，应对新形势、新变局，科技界肩负着前所未有的重要历史使命。建设世界科技强国，强化科技创新的战略支撑作用，必须打造规模宏大、结构合理、本领高强、学风优良的科技人才队伍，深挖人才潜力，激发创新活力，不断完善科技创新人才发现、培养、激励机制，形成“用好现有人才、引进急需人才、稳定关键人才、培养未来人才”的引才聚才、育才用才良性循环。

2020 年 6 月 2 日召开的专家学者座谈会指出：“要深化科研人才发展体制机制改革，完善战略科学家和创新型科技人才发现、培养、激励机制，吸引更多优秀人才进入科研队伍，为他们脱颖而出创造条件。”高校是承担科研任务的重要机构，完善高校科研人才激励机制，提升高校科研创新能力，可以从激发高校师生从事科研创新工作的内生动力开始。科研活动，是一种基于思想意识、致力于知识生产的社会实践，激发内生动力，离不开对科研人才的价值观念、精神气质和所处环境的培养与构建。笔者认为，应通过对高校科研绩效考核的激励动力进行分析和研究，不断解决科研过程中存在的多项问题，实现科研绩效考核机制科学化、系统化和完善化，提升高校科研实力，培养更多优秀人才。

第一节　高校科研绩效考核的激励动力

根据激励理论可知，高校科研行为的产生源于高校内部和外部的一系列不同机会的诱发。这些机会可能是高校刻意寻求的，也可能是高校无意中发现，但发现后会立即有意识地加以利用。这些诱发高校科研行为的因素就构成了高校科研绩效考核的激励动力。高校科研绩效考核动力包括两个方面，一是来自高校内部的动力，二是来自高校外部环境的动力。

一、高校科研绩效考核的内生动力

（一）内生动力的内涵与作用

高校科研绩效考核的内生动力表现为驱动高校科研管理活动的重要因素，主要包括高校对办学效益最大化的追求、高校教师的发展需求等。高校科研绩效考核的内生动力产生于高校与其他高校的竞争以及参与社会资源配置、进行自我发展的内在需要。内生动力的推动直接决定着高校科研绩效考核行为的有无和成败，其作用是最关键的。高校科研绩效考核的内生动力是科研绩效考核行为产生的基础和根源，贯穿科研绩效考核活动的始终，如图 6-1 所示。高校在通过科研绩效考核满足科研管理和教师发展需求的过程中，可能获得丰厚的科研绩效和相应的竞争优势，这就构成了高校科研绩效考核的内在动力。高校能否形成科研绩效考核动机并采取绩效考核行为，即形成一种高校内在的科研绩效考核动力，取决于高校决策者和考核对象能否在这种利害权衡中做出正确的抉择。而内生动力作用的结果就是促使高校内部把考核需求转化为科研绩效考核行为，因为仅仅停留在考核需求的层面，不能转换为采取绩效考核的实际行为，那就谈不上考核目标的达成。

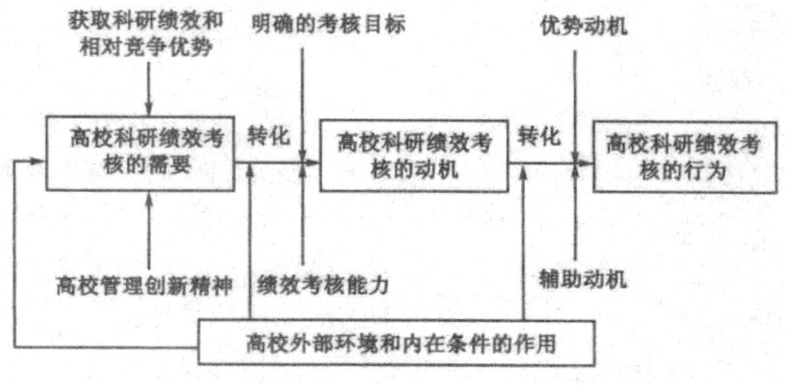

图 6-1　高校科研绩效考核内生动力作用示意图

（二）内生动力的两种需求

1.获取高校科研成果

高校科研绩效考核是高校在对与科研绩效有关的教师、科研投入、社会需求等变量进行分析预测的基础上做出的理性选择。高校科研绩效考核是决定高校科研管理能否成功的关键。从高校层面研究科研绩效考核的预期成果是一个典型的微观经济学问题，体现了高校科研投入与产出的结果。同时，高校进行科研绩效考核，主要是为了发展和保持高校的科研能力，以保证自己在高等教育体系中的地位。首先，高校作为人才培养的主体，教师的科研能力直接决定人才培养的质量。实施科学有效的科研绩效考核，不仅能够激励教师积极投入到科研活动中来，还能实现科研反哺教学。其次，高校作为社会技术创新主体之一，进行科研绩效考核能够刺激教师进行技术创新，从而更好地履行自己社会服务的职能。在当前的市场经济环境下，高校科研经费的获取与科研成果的产出关系密切，为了更多地产出高质量的技术创新成果，高校自然要采用有效的激励手段。因此，研究高校科研绩效考核的动力问题也就与研究高校科研创新的成果分不开。最后，当高校综合评价、高校教师的发展、教师的薪酬与科研成果产出建立起有效的互动机制后，实施科研绩效考核就成了参与科研活动的各个主体的内在需求。例如，在科研绩效考核活动开始之前，科研绩效的预期成果会诱导高校决策者选择这种管理方式，也使教师积极参与到绩效考核中来；当科研绩效考核结束之后，丰厚的科研成果所带来的学校综合评价的提升会激励高校继续实施考核。总之，高校科研绩效考核的内在需求就是通过预期科研成果维持高校科研发展的需求。高校科研成果是高校通过绩效考核所能获得的各方面的满足，它是高校办学成果的重要组成部分。高校对科研成果追求的过程就是科研绩效考核的实现过程。

2.大学内部治理的创新需求

众所周知，大学作为独特的学术组织，一个很重要的使命便是学术创新，在创新中培养人才、提供科研产品和智力服务。大学怎样才能实现创新使命呢？毫无争议的答案是激发大学教师的创造激情，没有这一点，学术就难以创新。只有当大学教师潜心于学术研究时，其创造激情才可能被激发；而只有当大学内部治理效果好时，大学教师才能潜心于学术并致力于创新。因此，大学治理是学术创新的重要条件。

大学治理模式的设计与选择是系统因素相互作用的结果，绝不是大学内部孤立的行为。一方面，大学治理模式的设计与选择要受到大学历史传统的影响，即要保持大学文化的基因与符号；另一方面，大学治理模式的设计与选择要受到所处时代的社会政治、经济、法律等方面的影响。

每个国家大学的治理往往受这个国家政治、经济、文化等方面因素的影响，中国大学的治理也具有典型的中国特征。中国大学内部治理结构及其模式的最显著特征就是政府对大学内部治理的影响与作用。政府一直是引导我国大学治理变迁的主要力量。完善大学治理结构是深化高等教育改革的重要内容，其核心是建立健全立德树人的治理理念、制度框架和运行机制。完善大学治理结构，应正确处理大学与政府、大学与社会以及党委领导与校长负责、行政权力与学术权力等关系。因此，正确处理大学与政府的关系是很有必要的。以政府加快转变职能、推进简政放权为契机，进一步理顺二者关系。明确政府与大学各自的职能和职责，政府主要履行对高等教育的统筹规划、政策引导、监督管理等宏观职能，大学则对教学科研、学科专业和管理机构设置、人事分配制度、资产资源分配使用等负责。政府不应直接干预大学内部事务，大学不能违背国家法律法规和宏观政策，二者应按照协商和合作的现代治理理念形成良性互动。加快推进政校分开、管办分离，政府应进一步转变职能、简政放权，扩大和落实大学办学自主权；善于运用法律、规划等手段，加强对高等教育的宏观管理，引导和规范大学的办学行为，既防止放任自流，又避免管得过死。党委领导下的校长负责制是我国大学领导体制长期探索和发展的历史选择，必须毫不动摇地坚持。但在实践中如何科学划分党委和行政的权限、保证管理效率，一直困扰着许多大学。根据有关法律法规和政策规定，高校党委作为领导核心，除了管党的建设、思想政治等工作外，还要负责学校重大决策、重要人事任免、重大项目安排和大额度资金运作“三重一大”等事项的决策。这在客观上带来大学党政权责交叉重叠等现象，并由此导致一些矛盾。对此，应认真贯彻中共中央办公厅印发的《关于坚持和完善普通高校党委领导下的校长负责制的实施意见》精神，健全和完善议事规则和决策程序，确保大学党政各司其职、各负其责。同时，强化民主协商意识，弘扬优良传统作风，做到团结协作、密切配合。办大学关键在人，关键在教师。全面调动教职员工的积极性，充分发挥全校教职员的能力与潜能，是大学治理的使命和诉求。

二、内生动力需求转化为动机的条件

高校科研绩效考核动机是在管理创新需求的基础上产生的，但内生动力需求并不一定会转化为动机。内生动力需求转化为动机有三个条件：一是需求达到一定强度，并产生满足需求的愿望。高校科研绩效考核内生动力需求的强烈程度主要取决于高校内外条件和环境的状况，如高校的外部环境中科学技术进步、社会需要或政府推动程度、高校间竞争和政府政策等的变化情况，都会影响高校科研绩效考核内在需求的强度。二是需求对象（即科研绩效考核目标）的确定。高校科研绩效考核的成果需求和管理创新精神需求的强度达到某种水平，甚至超过某种水平，才可能成为动机并引发高校管理者的决策行为。当高校管理者或决策者的管理创新需求处于萌芽状态时，它以模糊形式反映在高校决策者的意识中，这时高校决策者的管理创新需求以意向的形式存在着。当高校科研绩效考核需求增强到一定程度而又未能满足时，高校决策者往往开始紧张，当他意识到通过某种手段可以解除这种不安与紧张状态时，科研绩效考核需求就转化为管理创新驱动力。但管理创新驱动力只反映了高校决策者的心理需求，由于没有明确的科研绩效考核对象（目标），所以这种驱动力没有方向，还不是动机。在遇到能满足高校发展目标和最大预期精神需求的管理创新目标，并且展现出达到目标的可能性时，管理创新驱动力就有了方向，并开始转化为动机，推动高校决策者去进行科研绩效考核活动。三是高校必须具备一定的管理创新能力。管理创新能力是开展科研绩效考核活动并实现考核目标的基础。一方面，从管理创新能力的角度来看，管理创新能力与管理创新动力之间存在一种必然的内在联系。根据科研绩效考核活动的要求，高校决策者和管理者必须具备相应的人力资源管理的规划、选拔、甄选、评价、决策等能力，这些能力是科研绩效考核活动得以进行的现实基础。高校在进行科研绩效考核活动之前，会对自己所拥有的技术创新所必需的人力、资金、物资、信息等资源进行估计，对自己的管理创新决策能力和创新组织能力进行评估，并将自己拥有的管理创新资源与能力同其他高校比较，判断管理创新成功的可能性和可能获得的竞争优势，以决定是否进行管理创新活动。另一方面，从绩效考核风险的角度来看，高校对科研绩效考核风险的认识会影响到其对考核成功率的预期，进而影响其考核动机。

高校科研绩效考核活动面临诸多不确定性，如科研活动本身的不确定性、科研成果转化的不确定性、教师自身科研投入和水平的限制性、教师对科研绩效考核的质疑等。

这些科研绩效考核过程中的不确定性，使科研绩效考核行为具有较大的风险，这可能导致高校绩效考核的内在动力不足。因此，高校科研绩效考核的动机是在内在需求和外部诱因共同作用下产生的。

第二节　高校科研绩效考核激励问题及对策

理论上讲，教师科研绩效考核的激励作用不仅表现在对教师的科研意识、科研行为等具有导向、鞭策和推动作用，还表现在能使教师实现自我发展，使教师朝着高校所期望的目标积极、主动从事创造性科研工作。但实施过程中，如果这种考核激励机制设计不科学、不合理，出现各种扭曲变形，就会大大妨碍教师的发展，挫伤教师的积极性，扼杀教师的创造性，阻碍高校发展和影响教师的身心健康。事实上，自我国高校实施科研绩效考核以来，激励效果一直饱受争议，问题表现是复杂的、尖锐的，成因也是多维的、多元的。

在具体实施过程中，科研绩效考核究竟能在多大程度上实现激励作用，还有待进一步考量，特别是在与教师发展、薪酬制度改革、职称评聘制度改革对接方面存在比较突出的矛盾。

一、高校科研绩效考核激励的问题

目前，高校的科研绩效考核激励制度在运行过程中就存在以下几方面的问题：

（一）激励路径出现偏差

首先，激励目标背离初衷。虽然科研绩效考核激励是一项复杂的系统工程，但它是一种有目的、有意识的活动，只要以明确具体的目标作为导向，激励引导功能往往能最大限度地发挥出来。但是，很多高校在制定科研考核目标时，往往过度追求科研数量、严格限定科研周期、苛求科研经费、盲目追求科研项目级别等硬性指标，从而导致广大教师一味赶超科研数量而忽视质量，甚至出现学术抄袭、科研项目寻租行为、学术腐败等问题。其次，即便考核目标清晰准确，但是在考核过程中如果缺乏公平公正的评价主体和科学的评价方法，也难以保证激励作用的发挥。目前，虽然很多高校都在试图寻找一种看似科学合理的方法，如外校专家匿名评审制度、本校专家实名评审制度等，但这些都无法给出最权威、最令人信服的结论。同时，对于科研成果考核方法的选择，各个高校都在试图寻找既能反映科研成果数量又能反映科研成果质量的定量与定性相结合的双重考核办法。但在实际操作中，由于定性考核的方法具有很浓的主观色彩，很多高校管理者缺乏相应的管理技术背景，因此往往将考核改为以科研经费、论文发表数量、专著出版数量、科研成果转化率等量化指标为主的积分评价方法，这就不仅导致对教师科研业绩的考核缺乏公信度，同时，也严重降低了教师的科研积极性。总之，考核路径中考核目标、考核主体、考核方法等关键节点的选择和运行如果出现了问题，则激励效果一定会大打折扣。

（二）激励对象的动力不足

有些教师搞科研主要是为了评职称，一旦评上职称，他们对科研工作的重视程度一般就不如评职称前，搞科研的积极性也不再高涨。但绝大多数高校教师搞科研并不是为了评职称。高校教师科研动力的复杂性决定了科研激励手段的复杂性，如果高校制度设计中不采取多样、灵活的激励方案，不能兼顾教学激励和科研激励，不能充分考虑不同年龄阶段、不同学历和职称教师的差异化需求，不能将考核结果与教师薪酬分配、职位晋升评聘等环节对应上，就难以真正激发教师的科研动力。教师科研动力不足主要体现在以下几个方面：第一，高校对教师的需求研究不足。高校教师的需求存在着年龄、职称、学历等带来的差异，这决定了高校科研管理者应针对不同年龄阶段、不同学历和职称的教师采取不同的科研激励措施，以达到满足各类教师需要的目的。事实上，不同层次、不同类型教师的需要结构、需求层次以及他们在不同时期的主导需要都是不同的，特别是不同学科教师的科研成果的表现形式、产生条件、科研环境、能力要求、完成周期、应用前景等方面均存在较大差异。很多高校没能有针对性地设计出一套能够在不同学科之间进行有效横向对比，相对公平合理的考核激励制度，因此也就无法持续有效地对教师进行激励。二是激发教师科研需求的外部诱因不足。例如，教师科研经费投入不足、教师科研所需要的实验条件不够、科研场所不足、教师的学习机会不够、科研政策和制度不连贯、科研团队建设薄弱、科研氛围缺失等，这些问题如果解决不好，高校教师的科研动力也难以激发。

（三）考核激励的效果不强

首先，科研绩效考核激励力度不够。例如，一些高校单纯重视科研精神激励，缺乏科研物质激励；或者重视物质激励，不重视精神激励。还有，一部分高校建校的时间太短、基础薄弱，科研专项经费较少，科研成果的奖励力度也相对较小，这些都在一定程度上制约了教师开展科研活动的积极性。其次，科研绩效考核激励作用被人为弱化。高校教师科研绩效考核的原理是按劳分配、按贡献和能力分配。根据管理学中的“80/20效率法则”可知，高校的主要科研成果其实主要依靠教师中的那 20%的科研骨干来完成，那么科研奖励是不是也应该相应地向这 20%的教师倾斜，但这往往会遭到其他 80%教师的反对。有些高校管理者为了学校稳定和自身政绩的诉求，往往采取息事宁人的态度，实施平均分配的方式，这往往难以激发教师的科研热情。

二、高校科研绩效考核激励问题的成因

（一）各参与主体认知不到位

首先，高校科研绩效考核制度的设计和实施等相关人员对其激励功能还没有充分的了解。笔者认为，可以将科研绩效考核看作指挥棒，它能够根据社会或学校需要调动和激发教师的积极性、主动性和创造性。但现在很多高校及其主管部门的管理者缺乏对这方面的认识，考核者往往认为科研绩效考核就是对教师科研行为的一种监督手段，被考核者则认为这是对自身科研行为的一种约束和控制，从而使监督与被监督关系成了简单粗暴的对立关系。其次，各参与主体对科研绩效考核激励机制的作用原理认知不足。这具体体现在三个方面：一是思想中的传统观念，如绝对平均主义、不患寡而患不均等观念根深蒂固，在实施过程中不能完全按照贡献大小、能力高低分配绩效，考核过程过于宽松，分配环节节节让步，最终导致教师个人收入与个人科研绩效不相符，这严重制约

着高校科研成果质量和水平的提高及科研杰出人才的培养。二是对教师的真正需求了解不足、重视不够，要么认为只要给教师提供足够的经费、物质条件就一定会出好的科研成果，要么就将教师视为一种管理成本和负担，从而无视教师内在的人性需要和正当利益诉求，有的时候不顾教师所在科研环境和客观条件一味提高科研考核指标，导致教师科研压力过大，从而产生抵触情绪，甚至采取不正当手段来应付考核。三是高校普遍存在论资排辈等观念，有些教师无论个人科研绩效考核表现多优异，也往往无法逃出升级、晋升规定中的条条框框，只能根据资历和年限按部就班。总之，在科研绩效考核制度设计和实施过程中，各参与主体如果对激励机制原理理解有偏差，对教师激励的需要、动机和行为的心理状态过程等研究不够，实施操作层面就容易产生各种问题。

（二）科研绩效考核激励机制不健全

发挥科研绩效考核激励作用的前提在于建立起一个以绩效考核为核心的，各参与主体、各参与要素之间相互作用、相互联系、相互制约的激励机制。一套完整有效的激励机制应该包含三个支点和三条通路，三个支点分别是：高校科研目标体系，即高校在科研成果数量、质量、时间、成本、效益等方面的具体要求。诱导因素集合，即用于调动教师科研工作积极性的奖酬资源。教师个人因素集合，即包括教师的需要、价值观等决定教师个人接受科研绩效考核的一些因素，以及教师科研能力、素质、潜力等决定个人对学校科研贡献大小的一些因素。三条通路分别是：分配制度，即高校科研绩效考核结果对应的方式和原则，这些分配制度将奖酬资源公平合理地与教师个人科研绩效结果之间建立起互动关系，分配制度的设计决定了教师科研成果能不能得到、如何得到、得到多少奖酬资源。科研行为规范，即对教师科研努力方向、科研行为方式以及应遵循的价值观等行为的规定，行为规范也是科研绩效考核者和管理者对教师科研过程控制和监督的一种依据。信息交流，即各参与主体的信息要在整个考核激励过程中保持畅通和回路循环，如考核者要及时掌握被考核教师的个人需求和科研动机，同时要对考核过程中发现的问题及时给予技术支持等。教师也要通过过程中的信息反馈及时掌握高校有哪些奖酬资源可以获取、哪些条件和资源可以利用。因此，信息沟通是连接教师个人需求与诱导因素之间的通路。

目前，高校科研绩效考核激励机制的实际状况是三个支点比较健全，但三条通路却常常出现梗阻或者缺失的现象。例如，分配制度中的新平均主义伤害了科研骨干的积极性；行为规范中科研目标和科研行为之间的关联度不够，很多教师的研究成果和研究方向往往与高校的科研总体目标或者所在学科定位和特色不符，对高校的发展贡献度不够；信息交流的通路存在的问题则更加明显，如对教师科研需求和动机研究不足导致科研奖酬资源设计一刀切。科研绩效考核中重考核轻激励是大多数现行科研管理的弊端。在教师科研绩效考核中，我国很多高校过分注重对教师采取行政手段、评价方法等硬的控制手段，对于软的教学管理缺乏足够的重视。而对于有杰出贡献的教师，则缺少有力的激励手段，往往采取精神奖励，而不是物质奖励，在确定奖金和福利的时候，依然按职务等级来进行。不管教师的科研水平有多高，科研成果有多么惊人，享受的待遇往往与其他教师差别不大。还有，绩效分配和薪酬设置不科学，无法充分调动高校教师科研的积极性。笔者认为，不健全的教师激励制度必然会导致大批优秀人才的流失。

三、强化高校科研绩效考核激励效果的措施

（一）完善科研绩效评价指标，体现高校科研特点

高校由于其培养对象、课程体系以及发展目标的特殊性，其整体办学机制往往不同于其他教育机构。因此，高校在建立和完善科研绩效考核体系的过程中，必须充分结合自身特点，从培养对象、学科体系以及发展目标出发，尽可能符合高校的科研特点。以学科特点为例，高校拥有较多的专业学科，不同学科有不同学科的特点，高校必须根据不同学科的特点，针对不同学科的科研活动特点，建立与之相适应的科研绩效考核体系，以便更好地发挥绩效考核对科研活动的作用，从而使各项科研活动正常有序地进行，符合预期的项目目标和要求。

笔者认为，可从以下方面体现高校科研特点：一是体现行业特点，必须结合行业自身特点，进行科研绩效考核，最大限度地保证科研活动符合行业发展要求。二是考核体系必须做到科学合理、客观公正。一方面采取定性指标和定量指标相结合的模式，争取把科研活动涉及的多个因素均纳入绩效考核体系中，保证科学合理；另一方面，考核体系设置必须符合国家相关规定，对所有学科的科研活动采取与之相适应的考核评价体系，真正做到客观公正。比如，将人员分工情况、科研成果对人才队伍建设的贡献、科研成果后期转化和运用情况等因素统统纳入科研绩效评价体系中，促使高校科研管理水

平的提升。

（二）分类考核评价科研绩效，彰显不同学科特色

针对高校学科分立的特点采取分类考核评价体系，以彰显不同学科的特色。分类考核评价体系，顾名思义是通过采取分类的方法，将不同学科与不同的科研绩效考核体系相匹配。具体步骤如下：首先，高校科研管理人员必须了解不同学科特点，根据其特点为其匹配合理的考核评价体系，使呈现的科研成果符合要求。例如，针对文科和理科的科研活动必须采取不同的绩效考核体系。文科类的科研活动抽象性和发散性较强，理科类的科研活动逻辑性和具体性较强。基于此，在科研成果的考核上，文科类科研活动以论文、调研报告为主，而理科类科研活动以实物模型等为主；在研究方法上，文科类偏重文献和以往调查数据研究，理科类则偏重实验研究。通过一系列的区分，最终选择适合文科类、理科类科研活动的绩效考核体系，以满足不同学科的要求。

（三）拓宽绩效考核生命周期，加强事前与事后评价

拓宽绩效考核生命周期，加强事前和事后评价是较难实现的措施，但对改变高校目前科研活动绩效考核现状具有重要意义。受以往科研绩效考核体系的影响，高校形成了以科研成果为主的绩效考核评价体系，这也使很多教师高度重视科研成果，但却不太重视其他因素。科研活动是一个整体的实践活动，从最初的课题选择，到科研课题的立项研究，到课题的具体实施过程，再到最终的科研成果评估以及科研成果的后期转化、运用，这一过程中的每个环节都会影响科研活动，因此必须将每一个环节都纳入科研绩效评价体系中。在前期课题的选择过程中，重视考核课题本身的价值，科研课题是否符合社会主体价值观等；对于科研课题的实施过程，注重检查，促使科研活动不断完善；对于科研课题的最终研究成果，要注重其是否符合预期目标、符合项目要求等；对于科研成果的后期转化和运用情况，高校管理者必须高度重视，加强事后评价，保证科研成果真正发挥作用，提升高校的科研实力。

（四）加强科研经费管理，发挥绩效支出的激励作用

充足的科研经费是科研活动顺利开展的保障，也是科研绩效激励机制的必要支撑，如何管理好科研经费，使其使用效率得到最大限度的发挥一直是学术界研究的热点。其

中，间接经费管理，特别是科研间接成本补偿机制和科研绩效支出管理对科研激励机制的影响不容小觑。近些年，高校科研活动越来越强调人的作用，提出应提高人员费用比例，承认人才与智力劳动的价值。绩效支出是对教师智力劳动的认可，是科研经费中用于激励教师的重要部分。合理的绩效支出分配管理模式有利于充分挖掘绩效奖励对教师的激励作用。

在计提比例上，应通过宣传与引导来提高教师对绩效支出的认识，鼓励在规定比例内足额提取。同时通过对项目及人员的科研绩效考核来确定每个人对项目的贡献程度，并根据评价结果合理分配绩效支出。在绩效支出的发放时点上也应该多样化，不应局限在项目完成时发放，而可以在分次考核的基础上，按比例多次发放科研绩效支出。例如，中期考核绩效支出发放比例为30%，结项考核占70%。同时，绩效支出的提取也要严格遵守标准，加强监督。对于绩效考核评估不理想的考评对象，其绩效支出应该核减。

（五）创新激励手段，增强激励力度，正、负激励相结合

针对目前高校科研激励机制中存在的各类问题，创新激励手段、增强激励力度是突破困境的重要手段。高校应该构建一套内容丰富、形式灵活的科研激励机制，在分析需求的基础上针对不同对象，有的放矢地制定激励措施，将物质激励与精神激励相结合。在物质层面上，除了要对杰出人才进行奖励外，还应该将物质奖励的覆盖面进一步拓展到其他教师，从工资奖金、福利待遇等多方面着手，让普通教师同样受到物质上的激励，进而激发其科研热情。同时，在精神层面也应制定相应的制度，在职称评定及职位晋升等方面出台相应政策，以配合物质激励举措，进一步激发有这方面需求的人才的科研主动性。除正向激励之外，还应该进一步发挥负激励的鞭策作用。对于那些正向激励不起作用的教师，负激励可能会起到不一样的效果。

参 考 文 献

[1] 安书乐．高校科研人员工作满意度对科研产出的影响研究[D]．大连：大连理工大学，2016．

[2] 博锋．学习力：人生进阶课[M]．成都：天地出版社，2020．

[3] 采铜．精进：如何成为一个很厉害的人[M]．南京：江苏凤凰文艺出版社，2019．

[4] 曾双喜．胜任力 识别关键人才、打造高绩效团队[M]．北京：人民邮电出版社，2022．

[5] 陈春花，杨映珊．科研团队运作管理[M]．北京：科学出版社，2004．

[6] 戴建青，张骞．行业特色高校科研绩效考核与激励机制研究[J]．中国高校科技，2017（8）：66-68．

[7] 丁兵．当代高校教育管理研究[M]．西安：西北工业大学出版社，2019．

[8] 范金，景成芳，钱晓光．任职资格与员工能力管理：人才能力评估与发展体系设计及应用［M］．2 版．北京：人民邮电出版社，2011．

[9] 风里．领导力 21 真言［M］．北京：北京联合出版公司，2014．

[10] 风笑天．定性研究概念与类型的探讨[J]．社会科学辑刊，2017（3）：45-52，2．

[11] 高烽．科技论文写作规则与行文技巧[M]．2 版．北京：国防工业出版社，2015．

[12] 高烽．设计师系统的链式管理[M]．北京：电子工业出版社，2011．

[13] 郭永红．科研团队绩效的影响因素与激励机制构建：以高校体育学科为例[J]．中国高校科技，2016（3）：39-41．

[14] 黄卫伟，殷志峰，吕克，等．以奋斗者为本 华为公司人力资源管理纲要［M］．北京：中信出版社，2014．

[15] 贾媛媛，马坚，赵宇丹，等．构建高校科研激励机制的分析与思考[J]．中国继续医学教育，2018，10（30）：62-64．

[16] 蒋凤丽．高校教师科研绩效评价指标框架研究[J]．中国成人教育，2016（5）：59-61．

[17] 卡罗尔·德韦克．终身成长[M]．楚祎楠，译．南昌：江西人民出版社，2017.
[18] 康涛，陈红梅．“负激励”在高校科研管理绩效中的运用[J]．中国高校科技，2015（12）：22-23.
[19] 兰保民．教师科研能力的养成[M]．长春：东北师范大学出版社，2017.
[20] 李广．教师教育协同创新机制研究：东北师范大学“U-G-S”教师教育模式新发展[J]．教育研究，2017，38（4）：146-151.
[21] 李澎．辽宁高校科技成果转化激励政策实践研究[J]．当代经济，2018（21）：120-121.
[22] 刘海峰．学习力：学习力决定生存力[M]．北京：中国华侨出版社，2008.
[23] 彭立平，王江生．民族地区高校大学生创新创业激励机制的构建策略[J]．科技经济市场，2018（6）：145-147.
[24] 钱文藻．科研管理随笔[M]．北京：科学出版社，2010.
[25] 孙小娜．关于高校研究生管理中激励机制分析[J]．现代营销（下旬刊），2018（8）：182.
[26] 谭丹，陈时见．教师教育一体化的研究进展及其基本特征：基于文献计量学的分析[J]．教师教育学报，2016，3（6）：7-14.
[27] 涂元季，莹莹．钱学森故事[M]．北京：中国人民解放军出版社，2011.
[28] 王仲梅，全逸峰，荆新爱．科研项目绩效指标编制分析[J]．科研管理，2015，36（S1）：361-364.
[29] 杨伟刚．科研方法导论[M]．北京：科学出版社，2009.
[30] 余小波．新时代大学教育思想研究[M]．长沙：湖南大学出版社，2020.
[31] 张新平．实地研究：教育管理研究的第三条道路[J]．教育理论与实践，2005（5）：15-19.
[32] 张钰，姚丰华．深化校办企业科技创新 促进科技成果转化和区域经济发展[J]．教育现代化，2017，4（35）：82-84.
[33] 张肇丰．从实践到文本：中小学教师科研写作方法导论[M]．2 版．上海：华东师范大学出版社，2016.
[34] 赵乐天，季奎．高校科研绩效动态激励政策研究[J]．教育现代化，2019，6（38）：

88-89.

[35] 赵周．这样读书就够了：个人学习力升级指南[M]．北京：中信出版集团，2017.

[36] 周默涵，朱佳妮，吴菡．组织支持对海归教师科研进展满意度的影响分析：以上海 21 所高校为例[J]．高教探索，2019（12）：101-107.

[37] 朱娅妮，余玉龙，汪海燕．面向协同创新的高校科研绩效评价体系研究[J]．科研管理，2016，37（S1）：180-187.